Parler l'anglais en voyage

Lola Busuttil
Anna Stevenson

HARRAP

Édition publiée en France 2006
par Chambers Harrap Publishers Ltd
7 Hopetoun Crescent
Edinburgh EH7 4AY
Grande-Bretagne

Précédente édition sans cartes publiée en 2003

ISBN 0245 50695 0

Rédactrice
Justine de Reyniès

Coordination éditoriale
Anna Stevenson

Direction éditoriale
Patrick White

Composition
Paula McCulloch

Dépôt légal : juillet 2005

Maquette et photocomposition :
Chambers Harrap Publishers Ltd, Edinburgh
Impression et reliure : Tien Wah Press (PTE.) LTD., Singapore

Illustrations : Art Explosion

TABLE DES MATIÈRES

ABRÉVIATIONS UTILISÉES DANS CE GUIDE

(adj)	adjectif
(adv)	adverbe
(Am)	américain
(Br)	britannique
f	féminin
m	masculin
(n)	nom
pl	pluriel
(prép)	préposition
sing	singulier
(v)	verbe

INTRODUCTION

Cette toute nouvelle édition du guide de conversation franco-anglais Harrap est destinée à tous ceux qui souhaitent communiquer avec les habitants lors de leur séjour à l'étranger. Claire, allant à l'essentiel, elle vous aidera à faire les premiers pas pour dépasser la barrière de la langue et entrer en contact avec les gens du pays.

Dans chacune des rubriques, ce guide vous propose une liste de mots utiles ainsi qu'une série de phrases et d'expressions courantes : vous entendrez ou vous lirez certaines d'entre elles, d'autres vous permettront de vous exprimer. Vous vous ferez alors comprendre sans effort grâce à une transcription phonétique très simple, spécialement adaptée à l'utilisateur français.

Avec les quelque 5000 mots du mini-dictionnaire bilingue, les plus curieux pourront compléter ou décliner ces structures élémentaires afin de nouer une conversation.

Des indications sur la culture et les pratiques locales, quelques informations utiles sont là pour vous faire gagner du temps. Réservez vos vacances aux loisirs et à la découverte ! Vous trouverez dans ce guide un lexique gastronomique qui vous aidera à découvrir la cuisine du pays et les principaux plats régionaux.

Maintenant, à vous de jouer !

PRONONCIATION

a	*eï*	**h**	*eïtch*	**o**	*ô*	**v**	*vi*
b	*bi*	**i**	*aï*	**p**	*pi*	**w**	*dabeuliou*
c	*si*	**j**	*djeï*	**q**	*kiou*	**x**	*èxe*
d	*di*	**k**	*keï*	**r**	*âre*	**y**	*waï*
e	*i*	**l**	*èle*	**s**	*èsse*	**z**	*(Br) zède, (Am) zi*
f	*èfe*	**m**	*ème*	**t**	*ti*		
g	*dji*	**n**	*ène*	**u**	*you*		

PRONONCIATION ET INTONATION

Pour chaque phrase donnée en anglais dans ce guide, vous trouverez sa prononciation indiquée en italique. En lisant simplement cette transcription phonétique, vous pourrez vous faire comprendre par un anglophone.

Veillez à accentuer les voyelles et syllabes qui apparaissent en caractères gras : l'intonation est primordiale en anglais ! Et n'hésitez pas à demander aux anglophones qu'ils vous répètent les sons que vous avez du mal à prononcer.

Certains sons anglais n'existant pas en français, nous avons utilisé des codes pour les retranscrire :

H h aspiré. Ex : hello *Héllôw*

TH c'est le fameux "th" anglais, son proche à la fois du /f/, du /v/ et du /z/ français. Placez le bout de la langue entre les dents du haut et celles du bas et essayez de prononcer un /f/. Ex : thanks *THènxe*

Z son proche à la fois du /z/ et du /v/ français (un peu comme quand on zozote). Placez le bout de la langue contre les dents du haut et essayez de prononcer un /v/. Ex : the *Ze*

Attention, le **r** anglais est beaucoup moins prononcé qu'en français, jusqu'à se confondre avec un /w/ voire ne pas s'entendre du tout : pour le prononcer, placez le bout de la langue au milieu du palais.
Ex : really *rili*

POUR TOUS LES JOURS

Les rapports sociaux dans les pays anglophones, et notamment les premiers contacts, sont à la fois plus simples et plus distants. Plus simples car il n'y a pas à se préoccuper de choisir entre tutoiement et vouvoiement : **you** sert pour les deux. Également, on s'adresse très rapidement aux gens par leur prénom (c'est d'autant plus vrai aux États-Unis), même dans un contexte professionnel. En revanche, il est rare de se faire la bise : on se serre la main ou ne fait rien.

Please, thank you et **sorry** : retenez ces quelques mots magiques et indispensables, à utiliser sans modération, tout particulièrement en Grande-Bretagne où toute demande doit être ponctuée d'un **please** final.

Pour commencer

au revoir	goodbye *goudb**aï***
bonjour *(le matin)*	good morning *goud m**ow**rning*
bonjour *(l'après-midi)*	good afternoon *goud**â**ftenoune*
bonjour *(plus familièrement)*	hello *Héllôw*
d'accord/ ok	OK *ôk**eï***
excusez-moi *(pour attirer l'attention)*	excuse me *èksk**iou**zmi*
excusez-moi *(je suis désolé)*	sorry *s**o**ri*
merci	thank you *TH**è**nkiou*
non	no *nô*
non merci	no, thank you *nô, TH**è**nkiou*
oui	yes *yèss*

pardon (Monsieur/ Madame)	excuse me *èkskiouzmi*
si	yes *yèss*
s'il te plaît	please *plize*
s'il vous plaît	please *plize*

à bientôt	see you soon *si you soune*
à demain	see you tomorrow *si you toumôrô*
à plus tard	see you later *si you leïteure*
bonne nuit	good night *goud naïte*
bonsoir	good evening *goudivning*

FORMULES DE BASE

S'exprimer

j'aimerais ...
I'd like...
aïde laïke...

nous aimerions ...
we'd like...
wide laïke...

je voudrais ...
I'd like ...
aïde laïke...

est-ce que tu veux ... ?
do you want...?
dou you wante...?

où est ... ?
where is...?
ouère iz...?

où sont ... ?
where are...?
ouère âr...?

est-ce qu'il y a un(e) ... (ici) ?
is there a... (here)?
iz Zère e ... (Hire)?

c'est combien ?
how much is it?
Hâo meutche iz it?

qu'est-ce que c'est ?
what's that?
ouatss Zat?

comment ... ?
how...?
Hâo...?

pourquoi ... ?
why...?
ouaille...?

quand ... ?
when...?
ouène...?

est-ce que vous parlez français ?
do you speak French?
dou you spik frèntch?

comment ça se dit en anglais ?
how do you say that in English?
Hâo dou you seille Zat ine inngliche?

où sont les toilettes, s'il vous plaît ?
where are the (Br) toilets/ (Am) restrooms, please?
ouère â Ze toyletss/ restroumz plize?

comment allez-vous ?
how are you?
Hâo âr you?

très bien, merci, et vous-même ?
very well, thank you, and you?
vèri wèl, THènkiou, ènde you?

salut, ça va ?
hi, how are you doing?
Haï, Hâo âr you douing?

ça va, et toi ?
fine, and you?
faïne, ènde you?

je suis (vraiment) désolé
I'm (really) sorry
aïme (rili) sori

merci beaucoup
thank you very much
THènkiou vèri meutche

il n'y a pas de quoi
you're welcome
your wèlcomm

ah bon ?
really?
rili?

merde !
shit!
chitt!

Comprendre

admission free	entrée libre
closed	fermé
entrance	entrée
exit	sortie
free	gratuit
gents	toilettes pour hommes
ladies	toilettes pour femmes
no smoking	défense de fumer
open	ouvert
reserved	réservé
restrooms *(Am)*	toilettes
there is a charge for admission	payant
toilets *(Br)*	toilettes
way in	entrée
way out	sortie

there is/ there are...
il y a ...

would you mind if...?
ça vous dérange si ... ?

welcome
bienvenue

please sit down
asseyez-vous, je vous en prie

one moment, please
un moment, s'il vous plaît

PROBLÈMES DE COMPRÉHENSION

S'exprimer

vous pouvez répéter ?
can you repeat that, please?
kèn you ripite Zat plize?

est-ce que vous pourriez parler plus lentement ?
could you speak more slowly?
coude you spike mor slôli?

je ne comprends pas
I don't understand
aï donnte andeurstènde

je ne comprends rien
I don't understand a word
aï donnte andeurstènde e oueurde

je comprends un petit peu
I understand a little
aï andeurstènde e liteule

je n'ai pas compris
I didn't understand
aï dideunte andeurstènde

j'arrive à comprendre l'anglais mais je ne peux pas le parler
I can understand English but I can't speak it
aï kèn andeurstènde inngliche beute aï kante spike ite

je parle à peine l'anglais
I speak hardly any English
aï spike Hâdli èni inngliche

j'ai du mal à comprendre/ parler
I have trouble understanding / speaking
aï Hav trabeule andeurstènding / spiking

est-ce que vous parlez français ?
do you speak French?
dou you spike frèntche?

pardon ?
pardon?
pâdonne?

quoi ?
what?
ouate?

hein ?
eh?
è?

comment est-ce qu'on dit ... en anglais ?
how do you say ... in English?
Hâo dou you seille... ine inngliche ?

comment ça s'écrit ?
how do you spell it?
Hâo dou you spèl-ite?

est-ce que vous pourriez l'écrire ?
could you write it down?
coude you raïte-ite dâonne?

comment on appelle ça ?
what's it called?
ouatss ite côld?

qu'est-ce qui se passe ?
what's happening?
ouatss Hapeuning?

Comprendre

do you understand English?
est-ce que vous comprenez l'anglais ?

it means...
ça veut dire ...

it's spelled...
ça s'écrit ...

it's a kind of...
c'est une sorte de ...

PARLER DE LA LANGUE

S'exprimer

j'ai appris quelques mots avec un bouquin
I learned a few words from a book
aï leurnde e fiou oueurdz fromm e bouk

j'en avais fait à l'école mais j'ai tout oublié
I did it at school but I've forgotten everything
aï did-ite ate skoul beute aïve forgoteune évrifing

je me débrouille à peu près
I can just about get by
aï kèn djeust eubâot guète baï

je ne sais presque rien
I know hardly anything at all
aï no Hâdli ènifing ate ôle

je trouve ça difficile
I find it difficult
aï faïnd-dit difikeult

il y a des sons difficiles à prononcer
there are some sounds which are difficult to pronounce
Zère âr somme sâondz ouitch âr difikeult tou pronâonnts

je connais les bases mais pas plus
I know the basics but no more than that
aï nô Ze beïssikss beute nô mor Zane Zat

ça ressemble pas mal au français
it's quite like French
itss kouaïte laïke frèntch

les gens parlent tellement vite
everyone speaks so quickly
èvri-ouane spik sô kwikli

Comprendre

you have a very good accent
vous n'avez pas beaucoup d'accent

I think you manage very well
je trouve que tu te débrouilles très bien

you speak very well
tu parles très bien

DEMANDER SON CHEMIN

S'exprimer

excusez-moi, où est ..., s'il vous plaît ?
excuse me, where is..., please?
ekskiouz mi, ouère iz..., plize?

..., c'est par où ?
which way is...?
ouitch weille iz...?

je cherche ...
I'm looking for...
aïme loukin fore...

est-ce que vous pouvez me dire comment aller à ... ?
could you tell me how to get to...?
coude you tèle mi Hâo tou guète tou...?

quelle est la route pour ... ?
which way is it to...?
ouitch weille iz ite tou...?

est-ce que vous pourriez me montrer sur le plan ?
could you show me on the map?
coude you chô mi onn Ze mape?

est-ce qu'il y a un plan de la ville quelque part ?
is there a street map anywhere?
iz Zère e strite mape èniwère?

c'est loin ?
is it far?
iz ite fâr?

je me suis perdu
I'm lost
aïme losste

je suis complètement perdu/ un peu perdu
I'm completely lost/ a bit lost
aïme commplitli losste/ e bite losste

je crois que je me suis trompé
I think I've gone the wrong way
aï THinnk aïve gonne Ze rongue weille

Comprendre

continue	continuer
do a U-turn	faire demi-tour *(en voiture)*
follow	suivre
go down	descendre
go up	monter
left	gauche
right	droite
straight on	tout droit
turn	tourner
turn back	faire demi-tour *(à pied)*

are you on foot or do you have a car?
vous êtes à pied ou en voiture ?

it's five minutes away on foot/ by car
c'est à cinq minutes à pied / en voiture

it's the second street on the right
c'est la deuxième rue à droite

take the first street on the left after the (traffic) lights
prenez la première rue à gauche après le feu

take the next exit
prenez la prochaine sortie

keep going straight on until you get to a large white building
continuez tout droit jusqu'à un grand bâtiment blanc

it's very near/ quite far/ around here
c'est tout près / assez loin / dans le coin

it's just there/ after the crossroads
c'est juste là / après le carrefour

you'll see it, it's signposted
vous verrez, c'est indiqué

you're nearly there, you see the green sign, it's just opposite that
vous y êtes presque, vous voyez le panneau vert, c'est en face

follow me, I'll take you
suivez-moi, je vais vous y conduire

FAIRE CONNAISSANCE ET BAVARDER

Pour commencer

adorer to love *tou lov*
aimer *(apprécier)* to like *tou laïke*
beau nice *naïsse*
bien *(adv)* well *ouèle*
bien *(adj)* good *goude*
bon marché cheap *tchip*
cher expensive *expènsiv*
détester to hate *tou Heïte*
intéressant interesting *inntrèsstinng*
magnifique wonderful *wonndeurfoul*
nul useless *yousléss*
ok OK *ôkeï*
pas mal not bad *note bade*
super great *greïte*
très bien *(adv)* very well *vèri ouèle*
très bien *(adj)* very good *vèri goude*
vacances *(Br)* holiday(s) *Holideï(z)*, *(Am)* vacation *vekeïcheune*

SE PRÉSENTER, PARLER DE SOI

S'exprimer

je m'appelle ..., et toi ?
I'm ..., what's your name?
aïme..., ouatss your neïmm?

tu es d'ici ?
are you from around here?
âr you fromm euraounde Hire?

comment t'appelles-tu ?
what's your name?
ouatss your neïmm?

je te présente ...
this is ...
Ziss iz...

(enchanté,) moi c'est ...
(pleased to meet you,) I'm...
(plizd tou mite you,) aïme...

je suis français(e)
I'm French
aïme frèntch

je viens de ...
I come from...
aï comm fromm...

quel âge as-tu ?
how old are you?
Hâo ôld âr you?

j'ai 22 ans
I'm twenty-two
aïme twènti-tou

qu'est-ce que vous faites dans la vie ?
what do you do (for a living)?
ouate dou you dou (fore e living)?

tu es étudiant ?
are you a student?
âr you e stioudeunt?

je travaille
I work
aï weurk

je fais des études d'économie
I'm studying economics
aïme steudi-inng iconomikss

tu travailles dans quoi ?
what do you work as?
ouate dou you weurk az?

je suis prof
I'm a teacher
aïme e titcheur

je suis à la retraite
I'm retired
aïme ritayeurd

je travaille dans le marketing
I work in marketing
aï weurk ine markètinng

moi aussi
me too
mi tou

j'ai deux enfants, un de 3 ans et l'autre de 9 ans
I have two children, one's three and the other's nine
aï Hav tou tchildreun, ouanz THri ènde Zi oZeurz naïne

ils ont quel âge ?
how old are they?
Hâo olde âr Zeï?

est-ce que vous êtes déjà allé en France ?
have you ever been to France?
Hav you èveur binn tou franss?

Comprendre

are you French?
vous êtes français ?

I know France well
je connais bien la France

we have a house here for the summer
nous avons une maison ici pour l'été

I'd like to get to know Paris
j'aimerais beaucoup connaître Paris

I have family in France
j'ai de la famille en France

PARLER DE SON SÉJOUR

S'exprimer

je suis arrivé il y a 3 jours
I arrived three days ago
aï euraïvde THri deïz egô

c'est la première fois que je viens
it's the first time I've been here
itss Ze feurst taïme aïv binn Hire

nous ne sommes ici que pour 3 jours
we're only here for three days
wir onli Hire fore THri deïz

je suis seulement de passage ici
I'm just passing through
aïme djeust passinng THrou

on est venus pour notre anniversaire de mariage
we've come for our wedding anniversary
wiv comm fore âweur wèdinng aniveursseri

c'est notre lune de miel
we're on honeymoon
wir onn Honimoune

je visite la région
I'm visiting the area
aïme vizitinng Zi èri-eur

je suis venu rejoindre des amis
I've come to meet up with friends
aïve comm tou mite eup ouiv frèndz

je suis venu avec un(e) ami(e)
I've come with a friend
aïve comm ouiv e frènd

je suis en vacances
I'm on *(Br)* holiday / *(Am)* vacation
aïme onn Holideï / vekeïcheune

je suis ici pour mon travail
I'm here for work
aïme Hire fore weurk

on m'a conseillé d'aller à ...
I've been recommended to go to...
aïve binn rècomèndeud tou gô tou...

j'ai l'intention d'aller à ...
I intend to go to...
aï inntènnd tou gô tou...

Comprendre

enjoy the rest of your stay!
bonne fin de séjour !

all the best!
bonne continuation !

see you!
à une prochaine !

is this the first time you've been here?
c'est la première fois que vous venez ici ?

how long are you here for?
vous êtes ici pour combien de temps ?

do you like it?
ça vous plaît ?

have you been to visit...?
est-ce que vous avez été visiter ... ?

have a good *(Br)* **holiday /** *(Am)* **vacation**
passez de bonnes vacances

GARDER CONTACT

S'exprimer

on reste en contact, hein ?
we'll stay in touch, won't we?
wil steille inn teutch, wouante wi?

je peux te donner mon adresse e-mail
I can give you my e-mail address
*aï kèn giv you maï **i**meïl edr**e**sse*

voilà mes coordonnées en France, si vous passez un jour
here is my address and phone number, if you're ever in France
*Hire iz maï edr**e**sse ènde f**ô**nn n**am**mbeur, if your èveur inn fr**an**ss*

Comprendre

will you give me your address?
tu me donnes ton adresse ?

do you have an e-mail address?
est-ce que vous avez une adresse e-mail ?

you're always welcome
vous êtes toujours les bienvenus

ÉCHANGER SES IMPRESSIONS

Quelques expressions familières

it was garbage c'était nul
we had a blast on s'est éclatés

S'exprimer

c'est une bonne idée, pourquoi pas ?
that's a good idea, why not?
*Zatss e goude aï**di**eu, ouaïlle note?*

c'est génial
it's great
itss greïte

c'était génial
it was great
it waz greïte

est-ce que c'est dangereux de … ?
is it dangerous to…?
*iz ite d**eïn**ndjereuss tou…?*

ça me plaît
I like it
aï laïke ite

j'adore …
I love…
aï lov…

j'aime beaucoup …
I like… very much
aï laïke… vèri meutche

je n'aime pas beaucoup …
I don't like… very much
aï donnte laïke… vèri meutche

j'aimerais bien …
I'd really like to…
aïde rili laïke tou…

je trouve ça …
I find it…
aï faïnd-dite…

je suis d'accord
I agree
aï eugri

je ne sais pas
I don't know
aï donnte nô

ça ne me dit pas trop
it doesn't really appeal to me
ite dazeunt rili eupil tou mi

ça a un drôle de goût
it tastes funny
ite teïssts feni

c'est un attrape-touristes
it's a tourist trap
itss e tourist trape

il y a trop de monde
there are too many people
Zèr âr tou mèni pipole

j'ai beaucoup aimé …
I liked… very much
aï laïkt… vèri meutche

j'aurais bien aimé …
I'd really have liked to…
aïde rili Hav laïkt tou…

j'ai trouvé ça …
I found it…
aï faound-dite…

je ne suis pas d'accord
I don't agree
aï donnte eugri

ça m'est égal
I don't mind
aï donnte maïnde

ça m'énerve
it gets on my nerves
ite guètss onn maï neurvz

c'est de l'arnaque
it's a rip-off
itss e ripoff

c'est très animé le soir
it's very busy at night
itss vèri bizi ate naïte

il y avait beaucoup de monde
there were lots of people
Zèr ouère lotss ov pipole

je n'ai pas compris grand-chose
I didn't understand very much
aï dideunte andeurstènde vèri meutche

on s'est bien amusés
we had a good time
wi Hadd e goude taïme

je me suis ennuyé à mourir
I was bored to death
aï waz bordd tou dèf

il y avait une super bonne ambiance
there was a great atmosphere
Zèr waz e greïte atmossfir

j'ai rencontré des gens très sympas
I met some really nice people
aï mètt somm rili naïsse pipole

on a trouvé un petit hôtel très sympa
we found a really nice little hotel
wi faounde e rili naïsse liteule Hôtel

Comprendre

do you like…?
est-ce que tu aimes … ?

do you feel like going…?
ça te dit d'aller …?

did you like it?
ça t'a plu ?

it's a beautiful area
c'est une très belle région

we could…
on pourrait …

how about going…?
et si on allait … ?

it's nothing special
ça n'a rien d'exceptionnel

you should go
vous devriez y aller

it's better going during the week, it's not so busy
il vaut mieux y aller en semaine, il y a moins de monde

you absolutely must try…
il faut absolument que vous goûtiez …

PARLER DU TEMPS QU'IL FAIT

Quelques expressions familières

(Br) **it's bucketing down** il tombe des cordes
it's freezing il fait un froid de canard
it's a scorcher il fait une chaleur à crever

S'exprimer

quelles sont les prévisions météo pour demain ?
what's the weather forecast for tomorrow?
ouatss Ze wèZeur fore-casst fore toumôrô?

il va faire mauvais
it's going to be bad
itss goïne tou bi bade

il va faire beau
it's going to be nice
itss goïne tou bi naïsse

quel sale temps !
what horrible weather!
ouate Horibeule wèZeur!

on a de la chance avec le temps
we're lucky with the weather
wir leki wiv Ze wèZeur

il fait vraiment chaud
it's really hot
itss rili Hotte

il a fait un temps magnifique
the weather was beautiful
Ze wèZeur waz bioutifoule

il a fait plus de 35 degrés
it was over thirty-five degrees
it waz oveur THeurti-faïve digriz

quelle belle journée, hein ?
it's a lovely day, isn't it?
itss e lovli deï, izeunt-tit?

il fait froid le soir
it's cold in the evenings
itss côld inn Zi ivningz

il fait humide
it's damp
itss dammp

Comprendre

it might rain
il risque de pleuvoir

they've forecast good weather for the whole week
ils ont prévu du beau temps pour toute la semaine

VOYAGER, SE DÉPLACER

Pour commencer

aéroport	airport *èreporte*
aller (simple)	*(Br)* single (ticket) *sinngueul (tikèt)*, *(Am)* one-way (ticket) *ouaneweille (tikèt)*
aller-retour	*(Br)* return (ticket) *riteurn (tikèt)*, *(Am)* round-trip (ticket) *raoundetripp tikèt*
arrêt de bus	bus stop *beusse stope*
autoroute	*(Br)* motorway *môtôweille*, *(Am)* freeway *friweille*
avion	plane *pleïne*
bagages	baggage *baguedj*, luggage *leguedj*
bateau	boat *bôtt*
billet	ticket *tikèt*
bus	bus *beusse*
car	bus *beusse*, *(Br)* coach *côtch*
carte	map *mâp*
centre-ville	*(Br)* town centre *taoune sènnteur*, *(Am)* downtown *daountaoune*
consigne	*(Br)* left-luggage office *lèft-leguedj office*, *(Am)* checkroom *tchèkroum*
embarquement	boarding *bôwrdinng*
enregistrement	check-in *tchèk-kinn*
ferry	ferry *fèri*
gare	station *steïcheun*
gare routière	bus station *beusse steïcheun*
horaires	timetable *taïmmteïbeul*
louer	to rent *tou rènnt*
métro	*(Br)* underground *eundeugraounde*, *(Am)* subway *seubweille*
navette	shuttle *cheuteul*
passeport	passport *pâssporte*
plan	map *mâp*

porte	gate *gueïte*
quai	platform *platforme*
réserver	to book *tou bouk*
route	road *rôdd*
rue	street *stritt*
station de métro	(Br) tube/ underground station *tioube/ eundeugraounde steïcheun*, (Am) subway station *seubweille steïcheun*
taxi	taxi *taxi*
terminal	terminal *teurmineul*
ticket	ticket *tikèt*
train	train *treïne*
tramway	(Br) tram *tramm*, (Am) streetcar *stritcâr*
voiture	car *câr*
vol	flight *flaïte*

S'exprimer

où est-ce que je peux acheter des billets ?
where can I buy tickets?
ouère kèn aï baille tikètss?

un billet pour ...
a ticket to ... please
e tikèt tou... plize

je voudrais réserver un billet
I'd like to book a ticket
aïde laïke tou bouk e tikèt

combien coûte un billet pour ... ?
how much is a ticket to...?
Hâo meutche iz e tikèt tou...?

est-ce qu'il y a des réductions pour les étudiants ?
are there any concessions for students?
âr Zèr èni connesécheunz fore stioudeunts?

est-ce que vous auriez un dépliant avec les horaires ?
do you have a timetable, please?
dou you Hav e taïmteïbeul, plize?

est-ce qu'il vous reste des places pour ... ?
are there any tickets left for...?
âr Zèr èni tikètse lèft fore...?

il n'y en a pas plus tôt/ tard ?
is there an earlier/ a later one?
iz Zèr ann eurli-eur/ e leïteur ouane?

combien de temps dure le voyage ?
how long does the journey take?
Hâo longue daz Ze djeurni teïk ?

est-ce que cette place est libre ?
is this seat free?
iz Ziss sitt fri?

désolé, il y a déjà quelqu'un
I'm sorry, this seat is taken
aïme sori, Ziss site iz teïkeune

Comprendre

Déchiffrer les abréviations

arr (= arrival) arrivée
dep (= departure) départ
ex Sun (= except Sundays) sauf le dimanche

jours de la semaine : **Mon, Tues, Wed, Thurs, Fri, Sat, Sun**

13.50 *ou* **1.50pm** = 13h50

arrivals	arrivées
cancelled	annulé
connections	correspondances
delayed	retardé
departures	départs
entrance	entrée
exit	sortie
gents	toilettes pour hommes
ladies	toilettes pour femmes
no entry	entrée interdite
way in	entrée
way out	sortie

everything is fully booked
tout est complet

EN AVION

Aux États-Unis, les vols intérieurs sont nombreux et relativement bon marché. Si vous comptez voyager à l'intérieur du pays, achetez (de préférence avant votre départ) un forfait (**pass**), qui vous reviendra beaucoup moins cher.

S'exprimer

où est l'enregistrement des bagages pour British Airways ?
where is the British Airways check-in desk?
*ouère iz Ze britich-**è**rweillz tchèk-kinn d**è**sk ?*

une valise et un bagage à main
one suitcase and one piece of hand luggage
*ouane s**ou**tkeïss ènde ouane piss ov H**è**nnd leguedj*

à quelle heure embarque-t-on ?
what time does boarding start?
*ouate taïme daz b**ô**wrdinng starte?*

je voudrais confirmer mon vol de retour
I'd like to confirm my return flight
*aïde laïke tou connfeurm maï rit**eu**rn flaïte*

il me manque une valise
one of my suitcases is missing
*ouane ov maï s**ou**tkeïsseuz iz missinng*

mes bagages ne sont pas arrivés
my luggage hasn't arrived
*maï l**e**guedj Hazeunt eur**a**ïvd*

l'avion a eu 2 heures de retard
the plane was two hours late
*Ze pleïne waz tou **â**weurz leïte*

j'ai raté ma correspondance
I've missed my connection
*aïve misst maï conn**è**kcheun*

j'ai oublié quelque chose dans l'avion
I've left something on the plane
*aïve lèft sommTHinng onn Ze pl**e**ïne*

VOYAGER, SE DÉPLACER

je voudrais faire une déclaration de perte pour mes bagages
I'd like to report the loss of my luggage
aïde laïke tou riporte Ze losse ov maï leguedj

Comprendre

baggage reclaim	retrait des bagages
boarding	embarquement
check-in	enregistrement des bagages
customs	douane
departure lounge	salle d'embarquement
domestic flight	vol intérieur
goods to declare	marchandises à déclarer
immediate boarding	embarquement immédiat
nothing to declare	rien à déclarer

please wait in the departure lounge
veuillez patienter dans la salle d'embarquement

would you like a window seat or an aisle seat?
une place côté hublot ou côté couloir ?

you'll have to change at...
vous avez une correspondance à ...

how many pieces of luggage do you have?
combien de bagages avez-vous ?

your luggage is fifteen kilos overweight
vous avez un excédent de 15 kilos

here's your boarding card
voilà votre carte d'embarquement

please go to gate number...
veuillez vous rendre à la porte ...

call this number to check if your luggage has arrived
appelez ce numéro pour savoir si vos bagages sont arrivés

EN TRAIN, CAR, BUS, MÉTRO, TRAMWAY

Au Royaume-Uni, les billets de train les moins chers doivent être réservés au moins sept jours à l'avance (billets **APEX**). Le contrôle des billets se fait à bord (pas besoin de composter). Avec l'**Eurostar**, vous êtes à Londres en trois heures depuis Paris. Nettement moins chers que le train et presqu'aussi rapides, les autocars de la compagnie **National Express** desservent l'ensemble de la Grande-Bretagne. Le métro londonien, appelé le **tube**, fonctionne de 05h30 à peu après minuit. Les tickets s'achètent uniquement dans les stations. Si vous avez plusieurs trajets à faire en bus et en métro, une **TravelCard** (pour un ou plusieurs jours) vous reviendra moins cher. Dans les bus, on achète son ticket directement auprès du chauffeur (souvent, il faut donner l'appoint). Appuyez sur l'un des boutons pour signaler que vous voulez descendre à l'arrêt suivant.

AmTrak est la compagnie ferroviaire américaine. Les billets de train sont contrôlés à bord. Les cars de la compagnie **Greyhound** permettent de parcourir les États-Unis à bon marché. Le métro fonctionne avec des **tokens** (jetons), que l'on achète dans les stations. Le métro new-yorkais fonctionne 24 heures sur 24.

S'exprimer

est-ce que je peux avoir un plan du métro ?
can I have a map of the *(Br)* underground / *(Am)* subway?
*kèn aï Hav e mâp **ov** Zi **eu**ndeugraounde? / Ze **seu**bweille?*

à quelle heure est le prochain train pour ... ?
when is the next train to...?
*ouène iz Ze nèxt tr**eï**ne tou...?*

à quelle heure part le dernier train ?
when is the last train?
*ouène iz Ze l**â**sst treïne?*

de quel quai part le train pour ... ?
what platform does the train for ... leave from?
*ouate pl**a**tforme daz Ze treïne fore... **l**ive fromm?*

où est-ce que je peux prendre un bus pour ... ?
where can I get a bus to...?
*ouère kèn aï guète e b**eu**sse tou...?*

quelle ligne dois-je prendre pour ... ?
which line do I take to get to ...?
ouitche laïne dou aï teïk tou guète tou ...?

c'est bien l'arrêt pour ... ?
is this the right stop for ...?
*iz Ziss Ze r**aï**te stope fore...?*

c'est bien d'ici que part le car pour ... ?
does the bus for ... leave from here?
daz Ze beusse fore ... live fromm Hire?

pourriez-vous me dire quand il faut descendre ?
could you tell me when I have to get off?
coude you tèl mi ouène aï Hav tou guète off?

j'ai raté mon train
I've missed my train
aïve misst maï treïne

Comprendre

monthly	mensuel
ticket office	billetterie
today's ticket sales only	départs dans la journée
to the trains	accès aux quais
weekly	hebdomadaire

there's a stop just a little further on, on the right
il y a un arrêt juste un peu plus loin à droite

exact money only, please
faites l'appoint, s'il vous plaît

two stops from here
dans deux arrêts

you have to change at...
vous avez un changement à ...

this train calls at...
ce train dessert les gares de ...

you have to take bus number...
vous devez prendre le bus n° ...

EN VOITURE

Pour louer une voiture au Royaume-Uni, il faut généralement avoir plus de 21 ans. Un **mile** équivaut à 1,6 km. La conduite à gauche implique que les rond-points se prennent dans le sens des aiguilles d'une montre. Sur les routes à plusieurs voies, prenez garde aux différentes indications des feux : le feu peut être rouge pour les voitures tournant à gauche tandis qu'une flèche verte autorise le passage des voitures allant tout droit. Les autoroutes sont gratuites. La lettre **M** indique une autoroute (**motorway**) et **A** et **B** l'équivalent d'une nationale. Les **dual carriageways** sont des routes à deux voies. L'essence (qui se compte désormais en litres), plus chère que sur le continent, existe en **4-star** (super), **unleaded** (sans-plomb), **LPG** (GPL) et **diesel**. Pour prendre un taxi, vous pouvez aller à un arrêt de taxi (**taxi rank**) ou en appeler un par téléphone mais il est également courant d'en héler un dans la rue. Un taxi est libre lorsque son signal lumineux jaune est allumé. Les célèbres taxis noirs (**black cabs**) peuvent prendre jusqu'à 5 passagers.

Si vous voulez parcourir l'Amérique du Nord, louer une voiture est le moyen le plus pratique et bon marché. Pour cela, soyez munis d'un permis international et d'une carte de crédit (pour éviter de payer une caution exorbitante). Les voitures à boîte de vitesses automatique sont la norme. On roule à droite, comme en France, mais on compte en miles, comme en Grande-Bretagne. Les autoroutes sont appelées **freeways** (ou **expressways**). La lettre **I** indique une **interstate**, autoroute qui traverse plusieurs États. Il existe quelques autoroutes à péage appelées **turnpikes**. L'essence se compte en **gallons** (3,8 litres) et existe en **regular** (sans plomb), **super unleaded** (sans plomb, plus chère) et **Ethyl** (la plus chère).

S'exprimer

où est-ce que je peux trouver une station-service ?
where can I find a (Br) petrol / (Am) gas station?
ouère kèn aï faïnde e pètrole / gass steïcheun?

le plein de sans-plomb, s'il vous plaît
fill it up with unleaded, please
fil-lite eup wiv eunlèdide, plize

on a été bloqués dans un embouteillage
we got stuck in a traffic jam
wi gote steuk inn e traffic djamm

est-ce qu'il y a un garage par ici ?
is there a garage near here?
iz Zèr e (Br) gareudj / (Am) gueurâj nir Hire?

pourriez-vous m'emmener à la station-service la plus proche?
could you take me to the nearest service station?
coude you teïk mi tou Ze nireusst seurviss steïcheun?

pouvez-vous nous aider à pousser la voiture ?
could you help us to push the car?
coude you Hèlp-peusse tou pouche Ze câr?

la batterie est morte
the battery's dead
Ze bâteuriz dèd

je suis tombé en panne
I've broken down
aïve brôkeun daoune

nous sommes en panne d'essence
we've run out of *(Br)* petrol / *(Am)* gas
wiv reune aoute ov pètrole / gâss

j'ai crevé
I've had a puncture
aïve Hadd e peunktcheur

nous venons d'avoir un accident
we've just had an accident
wiv djeust Hadd ann-aksideunt

j'ai perdu les clefs de ma voiture
I've lost my car keys
aïve losste maï kiz

ça va prendre combien de temps à réparer ?
how long will it take to repair?
Hâo longue wil ite teïke tou ripèr?

◆ Location de voiture

je voudrais louer une voiture pour une semaine
I'd like to rent / *(Br)* hire a car for a week
aïde laïke tou rènnt / Haïeure e câr fore e wik

une voiture à boîte de vitesse automatique
an automatic
ann otômâtik

une voiture à boîte de vitesse classique
a *(Br)* manual / *(Am)* stickshift
e manioule / stikchifte

je voudrais prendre une assurance tous risques
I'd like to take out comprehensive insurance
aïde laïke tou teïk aoute commpréHènnsiv innchoureunss

◆ En taxi

je voudrais aller à ...
I'd like to go to...
aïde laïke tou gô tou...

je voudrais un taxi pour 8h
I'd like to book a taxi for 8 o'clock
aïde laïke tou bouk e taxi fore eïte e-cloque

vous pouvez m'arrêter ici, merci
you can drop me off here, thanks
you kèn drope mi Hire, THènxe

combien ça va me coûter pour aller à l'aéroport ?
how much will it cost to go to the airport?
Hâo meutche wil ite cosste tou gô tou Zi èrporte?

◆ En auto-stop

je vais à ...
I'm going to...
aïme goïne tou...

est-ce que vous pourriez me déposer ici ?
could you drop me off here?
coude you drope mi off Hire?

on est venu en stop
we hitched here
wi Hittcht Hire

merci de m'avoir emmené
thank you for the *(Br)* lift/ *(Am)* ride
THènkiou fore Ze lifte/ raïde

Comprendre

all directions	toutes directions
car hire	location de voitures
car park *(Br)*	parking
car rental	location de voitures
full	complet
keep your ticket	conservez votre ticket
no parking	stationnement interdit (signalé par une double ligne jaune continue)
other directions	autres directions
parking garage *(Am)*	parking
parking lot *(Am)*	parking
red route *(Br)*	route où il est interdit de s'arrêter, même pour déposer quelqu'un (signalée par une ligne rouge continue)
slow	ralentissez

I need your *(Br)* **driving licence/** *(Am)* **driver's license, a piece of ID, proof of your address and your credit card**
il me faut votre permis de conduire, une pièce d'identité, un justificatif de domicile et votre carte de crédit

there's a hundred-pound deposit
la caution est de 100 livres

come on, get in, I'll take you as far as...
c'est bon, montez, je vais vous avancer jusqu'à ...

EN BATEAU

Plusieurs compagnies de **ferries** assurent des liaisons régulières et directes entre le nord de la France ou la Belgique (Zeebrugge) et le sud de l'Angleterre ainsi que Cork et Rosslare en Irlande. Si vous voyagez en voiture, vous pouvez prendre l'**Eurotunnel** entre Calais et Folkestone.

combien de temps dure la traversée ?
how long is the crossing?
Hâo longue iz Ze crossinng?

j'ai le mal de mer
I'm seasick
aïme si-sik

Comprendre

foot passengers only passagers sans véhicule
next crossing at... prochain départ à ...

Quelques expressions familières

to thumb a *(Br)* **lift** / *(Am)* **ride** faire du stop
the Chunnel le tunnel sous la Manche

HÉBERGEMENT

En Grande-Bretagne, le voltage est de 240V mais les prises sont à trois dents. Aux États-Unis, le voltage est de 110V et il vaut mieux se munir d'un adaptateur (**adaptor**) avant le départ.

Pour commencer

appartement	*(Br)* flat *flâte*, *(Am)* apartment *epartmeunte*
auberge de jeunesse	youth hostel *youTH Hossteul*
avec cuisine	with kitchen *wiv kitcheune*
avec douche	with shower *wiv châweur*
baignoire	bath *bâTH*
camping *(lieu)*	campsite *cammpssaïte*
camping *(activité)*	camping *cammpinng*
caravane	caravan *carevann*
chambre double	double room *dabeul roum*
chambre pour une personne	single room *sinngueul roum*
clé	key *ki*
demi-pension	half-board *Hâf bôrd*
douche	shower *châweur*
hôtel	hotel *Hôtèl*
lit double	double bed *dabeul bèd*
lit pour une personne	single bed *sinngueul bèd*
locataire	tenant *tèneunte*
louer	to rent *tou rènnt*
maison	house *Haouss*
pension complète	full board *foul bôrd*
petit déjeuner compris	breakfast included *brèkfeust inncloudeud*
prix par personne	price per person *praïss peur peursonn*
propriétaire	owner *ôwneur*
réserver	to reserve *tou reuzeurv*
tente	tent *tènnt*

toilettes	*(Br)* toilets *t**oy**letss*, *(Am)* restrooms *r**e**stroumz*
tout compris	all inclusive *ôl-innclouziv*

S'exprimer

est-ce que vous pouvez m'écrire l'adresse ?
could you write down the address for me?
*coude you raïte d**a**oune Zi eudrèss f**o**re mi?*

où peut-on faire les courses dans le coin ?
where can I do some shopping around here?
*ouère kèn aï dou somm ch**o**ppinng eur**a**ounde H**i**re?*

comment marche la douche ?
how does the shower work?
*Hâo daz Ze ch**â**weur weurk?*

est-ce qu'il serait possible de rester une autre nuit ?
would it be possible to stay another night?
*woud-ite bi possibeul tou steille en**o**Zeur naïte?*

vous acceptez les cartes de crédit ?
do you take credit cards?
*dou you teïk cr**è**dite cardz?*

y a-t-il une banque par ici ?
is there a bank near here?
*iz Zèr e bannk n**i**re H**i**re?*

j'ai réservé une chambre pour deux par téléphone
I booked a room for two over the phone
*aï boukt e roum fore tou **ô**veur Ze f**ô**nn*

j'ai réservé au nom de ...
I made a booking in the name of...
aï meïde e boukinng ine Ze neïme of...

Comprendre

bathroom	salle de bains, *(Am)* toilettes
cable/ satellite television	télévision par câble/ satellite
double room	chambre double
no vacancies	complet
private	privé
reception	réception
room with en-suite bathroom	chambre avec salle de bains
single room	chambre pour une personne

vacancies chambres libres
with kitchen avec cuisine

can I see your passport?
est-ce que je peux voir votre passeport ?

could you fill in this form?
est-ce que vous pouvez remplir cette fiche ?

HÔTEL ET CHAMBRE D'HÔTES

Les hôtels britanniques sont chers et, en dehors des grandes agglomérations, plutôt moins nombreux qu'en France. En revanche, vous trouverez un peu partout d'accueillantes chambres d'hôtes, appelées **guest house** ou **bed and breakfast** (littéralement "lit et petit déjeuner"), ou plus couramment **B&B** (prononcez *bi ènde bi*). Une pancarte à l'entrée indique s'il reste des chambres libres (**vacancies**) ou non (**no vacancies**) pour le jour même. Les prix affichés sont par personne et non par chambre et comprennent le petit déjeuner. Vous aurez souvent le choix entre un **English breakfast**, composé d'œufs brouillés (**scrambled eggs**) accompagnés notamment de saucisses (**sausages**), bacon, haricots blancs en sauce (**baked beans**) et toasts, ou un **continental breakfast**, c'est-à-dire le petit déjeuner tel qu'il est pratiqué en Europe continentale. L'office du tourisme (**Tourist Information Centre**) local propose souvent, moyennant une commission raisonnable, un service de réservation qui pourra vous épargner bien des efforts.

Aux États-Unis, les hôtels et motels sont très nombreux. Les motels sont généralement à la sortie des villes, au bord des autoroutes, et donc plus adaptés à ceux qui voyagent en voiture. Les prix sont souvent négociables, notamment en basse saison. Les prix affichés sont toujours hors taxes : il faut parfois ajouter jusqu'à 15% de **hotel tax**.

S'exprimer

je voudrais réserver une chambre pour 2 personnes pour demain soir
I'd like to reserve a room for two people for tomorrow night
aïde laïke tou rizeurv e roum fore tou pipole fore toumôrô naïte

je voudrais réserver 2 chambres individuelles pour 3 nuits
I'd like to reserve two single rooms for three nights
aïde laïke tou rizeurve tou sinngueul roumz fore THri naïtss

est-ce qu'il vous reste des chambres de libres ?
do you have any rooms available?
dou you Have èni roumz euveïllebeul?

une chambre pas chère pour une personne
a cheap single room
e tchip sinngueul roum

c'est pour un couple et 2 enfants
it's for a couple and two children
itss fore e copeul ènde tou tchildreun

ça n'a pas vraiment d'importance
that doesn't really matter
Zat dazeunt rili mâteur

est-ce que je peux voir la chambre ?
can I see the room?
kèn aï si Ze roum?

c'est bien, je la prends
it's fine, I'll take it
itss faïne, âl teïk-kite

avez-vous quelque chose de plus calme ?
do you have anything quieter?
dou you Hav ènifinng kwaïyeteur?

est-ce qu'il est possible d'ajouter un lit supplémentaire ?
would it be possible to add an extra bed?
woud-ite bi possibeul tou âd ann extra bèd?

nous pensons rester 2 nuits
we're planning to stay for two nights
wir planninng tou steille fore tou naïtss

pourriez-vous me recommander un autre hôtel ?
could you recommend me another hotel?
coude you rècomènde mi enoZeur Hôtel?

combien coûte une chambre avec salle de bains ?
how much is a room with en-suite bathroom?
Hâo meutche iz e roum wiv en-suite bâTHroum?

vous n'avez rien de moins cher ?
do you have anything cheaper?
dou you Hav ènifinng tchipeur?

est-ce que le petit déjeuner est inclus ?
is breakfast included?
iz brèkfeust inncloudeud?

est-ce que l'hôtel est près du centre ?
is the hotel near the centre of town?
iz Ze Hôtel nire Ze sènnteur ov taoune?

vers 7h, je pense
around seven o'clock, I think
euraounde sèveune e-cloque, aï Thinnk

la clé de la 12, s'il vous plaît
the key for room twelve, please
Ze ki fore roum twouèlve, plize

j'aimerais changer de chambre, la mienne est trop bruyante
I'd like another room, mine is too noisy
aïde laïke enoZeur roum, maïne iz tou noïzi

est-ce que je peux avoir une couverture supplémentaire ?
could I have an extra blanket?
coude aï Hav ann extra blannkèt?

y a-t-il une prise pour le rasoir ?
is there a socket for shavers?
iz Zèr e sokkèt fore cheïveurz?

la climatisation ne marche pas
the air conditioning isn't working
Zi èr conndicheuninng izeunte weurkinng

il n'y a pas de bonde pour la baignoire
there's no plug for the bath
Zèrz nô pleugue fore Ze bâTH

je n'arrive pas à faire marcher la douche
I can't get the shower to work
aï kante guète Ze châweur tou weurk

pouvez-vous me montrer comment ça marche ?
can you show me how it works?
kèn you chô mi Hâo ite weurkss?

nous n'avons pas de serviettes de toilette
we don't have any towels
wi donnte Hav èni tâweulz

il n'y a plus de papier toilette
there's no toilet paper
Zèrz nô toylèt peïpeur

Comprendre

there's a hotel that's really nice and not too expensive near...
il y a un hôtel pas trop cher et vraiment bien près de ...

what are you looking for?
qu'est-ce que vous cherchez ?

with or without en-suite bathroom?
une chambre avec ou sans salle de bains ?

no, I'm sorry, we're full
non, je regrette, nous sommes complets

I only have one double room left
il ne me reste qu'une chambre double

how many nights is it for?
c'est pour combien de nuits ?

what's your name, please?
quel est votre nom, s'il vous plaît ?

what time do you think you'll be arriving?
à quelle heure pensez-vous arriver ?

this is the key to the front door and the other one is your room key
celle-là est la clé de la porte d'entrée et l'autre celle de votre chambre

check-out time is midday
les chambres doivent être libérées avant midi

breakfast is served between 7:30 and 9
le petit déjeuner est servi entre 7h30 et 9h

AUBERGE DE JEUNESSE

Le réseau d'auberges de jeunesse (**youth hostels**) est très développé en Grande-Bretagne. Vous pouvez les repérer à leur logo triangulaire vert et blanc marqué du sigle **YHA**. Elles se trouvent généralement dans les plus beaux endroits (à l'exception de celles des grandes villes), avec vue imprenable sur la mer ou sur un château ... Les **backpackers hostels** offrent le même type de services.

Les auberges de jeunesse sont moins courantes aux États-Unis, et difficilement accessibles si vous n'avez pas de voiture. Il y a cependant un certain nombre d'auberges **YMCA** et **YWCA** dans le centre des grandes villes.

Des deux côtés de l'Atlantique, les universités proposent aux étudiants étrangers, en période de vacances, un certain nombre de chambres en résidence universitaire (**hall of residence**).

S'exprimer

est-ce que je peux laisser mon sac à dos à la réception ?
can I leave my backpack at reception?
kèn aï liv maï bâkpâk ate risèpcheune?

je viendrai le récupérer vers 7h
I'll come and get it around seven o'clock
âl comm ènde guète ite euraounde sèveune e-cloque

l'évier est bouché
the sink's blocked
Ze sinnkss blokt

il n'y a pas d'eau chaude
there's no hot water
Zèrz nô Hotte wôteur

Comprendre

sheets are provided
les draps sont fournis

do you have a membership card?
avez-vous une carte de membre ?

the hostel is open again from six o'clock
l'auberge rouvre à 6h

LOCATION

S'exprimer

je cherche quelque chose qui soit près du centre
I'm looking for something close to the centre of town
aïme loukinng fore sommTHinng clôss tou Ze sènnteur ov taoune

où dois-je prendre/laisser les clefs ?
where do I pick up/leave the keys?
ouère dou aï pik eupe/liv Ze kiz?

où est le compteur électrique ?
where is the electricity meter?
ouère iz Zi élèctrissiti miteur?

est-ce qu'il y a des ... de rechange ?
are there any spare...?
âr Zèr èni spère...?

où dois-je sortir les poubelles ?
where do I take the bins out?
ouère dou aï teïk Ze binnz âoute?

je suis désolé, j'ai cassé le/la ...
I'm sorry, I've broken the...
aïme sori, aïve brôkeun Ze...

je ne trouve pas le/la ...
I can't find the...
aï kante faïnde Ze...

j'ai fermé la porte en laissant les clés à l'intérieur
I've locked myself out
aïve lokt maïsèlf âoute

Comprendre

self-catering
avec cuisine

it's fully furnished
c'est entièrement meublé

someone will come to clean the house after you leave
il y a quelqu'un qui va passer pour le ménage après votre départ

the price includes heating, electricity and gas
le prix comprend le chauffage, l'électricité et le gaz

CAMPING

Les campings britanniques sont difficilement accessibles par les transports en commun. Le camping chez l'habitant est largement pratiqué (sur le terrain d'une ferme par exemple).

Les campings aux États-Unis sont très bien aménagés mais, là encore, il faut une voiture pour accéder à la plupart d'entre eux.

S'exprimer

y a-t-il un camping près d'ici ?
is there a campsite near here?
iz Zèr e cammpssaïte nire Hire?

je voudrais un emplacement pour une tente pour 2 jours
I'd like a space for one tent for two days
aïde laïke e speïss fore ouane tènnt fore tou deïz

est-ce qu'il y a une une cabine téléphonique ?
is there a phone box?
iz Zèr e fônn boxe?

où sont les poubelles ?
where are the bins?
ouère âr Ze binnz?

c'est combien par jour ?
how much is it a day?
Hâo meutche iz ite e deï?

je voudrais régler – on était au numéro 62, allée B
I'd like to pay – we were at number 62, row B
aïde laïke tou peille – wi weur ate nommbeur sixti-tou, rôw bi

est-ce que vous pourriez nous prêter votre ... ?
could you lend us your...?
coude you lènnd euss your...?

Comprendre

don't hesitate to call me if you have any problems
n'hésitez pas à m'appeler si vous avez un problème

it's... a day/ per person and... per tent
c'est ... par jour / par personne et ... par tente

BOIRE ET MANGER

Attention, en Grande-Bretagne, les restaurants arrêtent de servir tôt : généralement plus après 14h pour le déjeuner, et plus après 20h (dans les petites villes) ou 22h (dans les grandes villes) pour le dîner. Les restaurants asiatiques (indiens, pakistanais, chinois, etc) sont très répandus et pas chers. Vous pouvez goûter à une cuisine plus traditionnelle dans les pubs. Comme pour les boissons, c'est à vous d'aller passer votre commande au bar (et payer par la même occasion). Des plats végétariens (signalés sur les menus par un **V**), souvent très inventifs, sont proposés à peu près partout. La restauration rapide est également très développée : sandwichs de toutes sortes mais aussi les fameux **fish and chips** (du poisson pané servi avec des frites). Dans les restaurants, à moins que le service soit compris sur la note, on laisse généralement l'équivalent de 10% de pourboire. On ne vous sert généralement pas d'eau, à moins que vous le demandiez.

Aux États-Unis, le choix de restaurants est infini, surtout dans les villes. Dans un certain nombre de restaurants, le même menu est nettement plus cher le soir que le midi. Les portions sont très copieuses et l'on vous sert d'emblée un verre d'eau glacée. Le service n'étant pas compris, il faut laisser un pourboire de 15 à 20% en moyenne. Pour les petits budgets, si vous êtes las des sandwiches, vous pouvez aller dans l'un des nombreux **salad bars** ou **delis**, ou dans un restaurant qui affiche **All you can eat** ("tout ce que vous pouvez manger"), qui propose un buffet à volonté. Certains établissements n'étant pas habilités à vendre de l'alcool affichent l'inscription **BYOD** (**bring your own drink**) aux États-Unis et **BYOB** (**bring your own bottle**) en Grande-Bretagne, ce qui signifie que c'est à vous d'apporter votre propre bouteille si vous le souhaitez.

Pour commencer

addition — *(Br)* bill *bil*, *(Am)* check *tchèk*

apéritif	aperitif *epèretif*
bière	beer *bir*
bouteille	bottle *boteule*
café	coffee *coffi*
carafe	jug *djeug*
carte *(menu)*	menu *mèniou*
Coca-Cola®	Coke® *côke*
commander	to order *tou ordeur*
déjeuner *(n)*	lunch *leuntch*
déjeuner *(v)*	to have lunch *tou Hav leuntch*
dessert	dessert *dizeurt*
dîner *(n)*	dinner *dineur*
dîner *(v)*	to have dinner *tou Hav dineur*
eau gazeuse	sparkling water *spârkling wôteur*
eau minérale	mineral water *mineureule wôteur*
eau plate	still water *stil wôteur*
entrée	starter *stârteur*
expresso	expresso *expresso*, espresso *espresso*
fromage	cheese *tchiz*
jus de fruit	fruit juice *froutt djiouss*
manger	to eat *tou ite*
menu *(carte)*	menu *mèniou*
menu *(formule à prix fixe)*	set menu *sète mèniou*
petit déjeuner	breakfast *brèkfeust*
plat	dish *dich*
plat de résistance	main course *meïnn kôrss*
pression	*(Br)* a half-pint of lager *e Hâf-païnte ov lâgueu*, *(Am)* a beer *e bir*
sandwich	sandwich *sannwitch*
thé	tea *ti*
verre	glass *glass*
vin rouge/ blanc/ rosé	red/ white/ rosé wine *rèd/ waïte/ rôzé waïne*

S'exprimer

on va manger un bout ?
shall we go and get something to eat?
chèl wi gô ènde guète sommTHinng tou ite?

on va boire un verre ?
shall we go for a drink?
chèl wi gô fore e drinnk?

on va prendre un café ?
shall we go for a coffee?
chèl wi gô fore e coffi?

est-ce que vous pouvez nous recommander un restaurant ?
could you recommend a restaurant?
coude you rècommènnde e rèstrantt?

je n'ai pas très faim
I'm not very hungry
aïme note vèri Heunggri

j'ai super faim
I'm starving
aïme stârvinng

s'il vous plaît ! *(pour appeler le serveur)*
excuse me, please!
ekskiouz mi plize!

je voudrais un sandwich au thon, s'il vous plaît
I'd like a tuna sandwich, please
aïde laïke e touna sannwitch plize

j'en reprendrai un autre
I'll have the same again
âl Hav Ze seïmm euguenne

bon appétit !
enjoy your meal!
ènndjoye your mil!

à la tienne / à la vôtre !
cheers!
tchirz!

tchin-tchin !
cheers!
tchirz!

c'est délicieux
it's delicious
itss dèllicheuss

c'était délicieux
it was delicious
ite waz dèllicheuss

c'est très gras
it's very greasy
itss vèri grizi

c'est trop épicé
it's too spicy
itss tou spaïssi

ce n'est pas assez salé
it doesn't have enough salt
ite dazeunt Hav inof sôlt

j'ai trop bu hier
I drank too much yesterday
aï drannk tou meutche yèsstedeï

est-ce que vous pourriez nous apporter un cendrier ?
could you bring us an ashtray, please?
coude you brinng mi ann ach-treï plize?

où sont les toilettes, s'il vous plaît ?
where are the *(Br)* toilets / *(Am)* restrooms, please?
ouère âr Ze toyletss / rèsstroumz plize?

Comprendre

eating in — sur place
(Br) **takeaway,** *(Am)* **takeout** — à emporter

sorry, we stop serving at ten o'clock
désolé, nous ne servons plus après 10h

RÉSERVER UNE TABLE

S'exprimer

allô, bonjour, je voudrais réserver une table pour 2 pour demain soir
hello, I'd like to reserve a table for two for tomorrow night
Héllôw, aïde laïke e teïbeule fore tou fore toumôrô naïte

vous n'avez pas de table libre plus tôt ?
you don't have a table available before that?
you dônte Hav e teïbeule euveïllebeul bifore Zat?

une table pour 4, s'il vous plaît
a table for four, please
e teïbeule fore fore, plize

j'ai réservé une table au nom de ...
I've reserved a table in the name of...
aïve rizeurvd e teïbeule ine Ze neïm ov...

Comprendre

reserved
réservé

for what time?
pour quelle heure ?

would 8.30 suit you?
8h30, ça vous va ?

what's the name?
c'est à quel nom ?

for how many people?
vous êtes combien ?

hello, will you be eating?
bonjour, c'est pour manger ?

have you reserved a table?
est-ce que vous avez réservé ?

we're full at the moment
nous sommes complets pour le moment

if you could wait a quarter of an hour until a table becomes available...
si vous pouvez attendre un quart d'heure qu'une table se libère ...

smoking or non-smoking?
fumeurs ou non fumeurs ?

COMMANDER À MANGER

S'exprimer

qu'est-ce que vous nous recommandez ?
what do you recommend?
ouate dou you rècomènde?

oui, on a choisi
yes, we're ready to order
yèss, wir rèdi tou ordeur

non, pas encore
no, not just yet
nô, note djeust yèt

je voudrais ...
I'd like...
aïde laïke...

on va prendre deux menus
we'll both have the set menu
wil bôTH Hav Ze sèt mèniou

pour moi, ça sera ... et ...
I'll have... and...
âl Hav... ènde...

... mais sans ...
... but without...
... beute wiZâoute...

moi, je ne sais pas, c'est quoi "shepherd's pie" ?
I'm not sure, what's "shepherd's pie"?
aïme note choure, ouatss chèpeurdss paille?

je vais prendre ça alors
I'll take that, then
âl teïke Zat, Zènn

quel est le plat du jour ?
what's today's special?
ouatss toudeïz spècheul?

juste de l'eau (plate), s'il vous plaît
just some (still) water, please
djeust somm (stil) wôteur, plize

une grande carafe d'eau
a large jug of water
e lardje djeug ov wôteur

une demi-bouteille de vin rouge
a half-bottle of red wine
e Half boteule ov rèd waïne

on va partager – est-ce que vous pouvez nous apporter 2 assiettes ?
we're going to share it – could you bring us two plates?
wir goïne tou chèr-ite – coude you brinng-euss tou plaïtss?

ce n'est pas ce que j'ai commandé, j'avais demandé ...
this isn't what I ordered, I asked for...
Zis izeunt ouate aï ordeurd, aï asskt fore...

est-ce qu'on peut avoir encore du pain ?
could we have some more bread?
coude wi Hav somm mor brèd?

est-ce que vous pourriez nous apporter une autre carafe d'eau ?
could you bring us another jug of water?
*coude you brinng-euss en**o**Zeur djeug ov w**ô**teur?*

qu'est-ce que vous avez comme desserts ?
what desserts do you have?
*ouate diz**eu**rtss dou you Hav?*

Comprendre

are you ready to order?
vous avez choisi ?

I'll come back in a moment
je vous laisse choisir et je reviens

it's a type of stew made from...
c'est une sorte de ragoût de ...

sorry, we don't have any more...
désolé, nous n'avons plus de ...

and what would you like to drink?
et comme boisson ?

would you like a dessert?
désirez-vous un dessert ?

AU CAFÉ

Véritable institution en Grande-Bretagne, les **pubs** ont des horaires d'ouverture très stricts : de 11h à 23h (22h30 le dimanche), sauf en Écosse où ils restent ouverts jusqu'à minuit. On commande directement au bar, et paye par la même occasion. L'équivalent d'un demi se dit **half a pint** et le double **a pint**. Une **lager** correspond à une bière blonde. Une **bitter** correspond plus ou moins à une bière rousse, une **brown ale** à une bière brune et une **stout** à une bière brune avec de la mousse (la **Guinness** est la plus connue). Moins traditionnels, les **wine bars** sont cependant de plus en plus nombreux.

La consommation d'alcool étant très réglementée aux États-Unis, il faut avoir minimum 21 ans et présenter sa carte d'identité. Les bières américaines (**Budweiser**, **Miller**, **Coors**, etc) sont généralement plus légères que les marques européennes. Le vin est surtout proposé dans les **wineries**.

Les **coffee bars**, représentés notamment par les chaînes **Starbucks** et **Costa**, sont très populaires en Grande-Bretagne et aux États-Unis. On peut y commander toutes sortes de cafés : **espresso**, **latte**, **cappuccino**, **macchiato**, etc. Vous pourrez accompagner votre boisson de sirops aux parfums variés ou de crème chantilly (**whipped cream**). Si vous voulez du lait écrémé dans votre café, commandez un **skinny**. Le choix est plus restreint dans les pubs, où l'on vous servira seulement du **filter coffee**.

S'exprimer

qu'est-ce que tu prends ?
what are you having?
ouate âr you Havinng?

je t'offre un verre
I'll buy you a drink
âl baille you e drinnk

non, cette fois c'est pour moi
no, I'll pay this time
nô, âl peille Ziss taïme

je vais prendre ...
I'll have...
âl Hav...

je voudrais ...
I'd like...
aïde laïke...

un Coca-Cola® sans glaçons, s'il vous plaît
a Coke® without ice, please
e côke wiZaoute aïsse, plize

un Coca light® avec beaucoup de glaçons
a Diet Coke® with lots of ice
e dayeute côke wiv lotss ov aïsse

un petit verre de vin blanc sec
a small glass of dry white wine
e smôl glass ov draï waïte waïne

une pression
(Br) a half-pint of lager / *(Am)* a beer
e Hâlf-païnte ov lâgueu / e bir

un thé avec une rondelle de citron
a cup of tea with lemon
e keupe ov ti wiv lèmeune

la même chose pour moi
I'll have the same
âl Hav Ze seïmm

et un verre d'eau, s'il vous plaît
and a glass of water, please
ènde e glass ov wôteur, plize

un autre Coca®, s'il vous plaît
another Coke®, please
enoZeur côke, plize

Comprendre

(non) alcoholic
(non) alcoolisé

this is a no-smoking area
c'est un espace non-fumeur, ici

what would you like?
qu'est-ce que vous prenez ?

last orders, please, we're closing in ten minutes
veuillez passer votre dernière commande, on ferme dans 10 minutes

Quelques expressions familières

to be plastered être bourré
to have a hangover avoir la gueule de bois

L'ADDITION

S'exprimer

l'addition, s'il vous plaît
could I have the *(Br)* bill / *(Am)* check, please?
coude aï Hav Ze bil / Ze tchèk, plize?

est-ce que je peux payer avec ma carte Visa® ?
can I pay by Visa®?
kèn aï peille baille viza?

je crois qu'il y a une erreur dans l'addition
I think there's a mistake in the *(Br)* bill / *(Am)* check
aï THinnk Zèrze misteïk inn Ze bil / tchèk

je vous dois combien ?
how much do I owe you?
Hâo meutche dou aï ôw you?

le service est-il compris ?
is the service included?
iz Ze seurviss inncloudeud?

Comprendre

are you all paying together?
vous réglez tout ensemble ?

can you sign here, please?
je vais vous demander de signer là

LA CUISINE

Comprendre

à la mode *(Am)*	(servi) avec de la crème glacée
baked	cuit au four
barbecued	grillé au charbon de bois
boiled	cuit à l'eau, bouilli
braised	braisé, à l'étuvée
breaded, in breadcrumbs	pané
broiled *(Am)*	cuit au grill
browned	doré
charbroiled *(Am)*	grillé au charbon de bois
chargrilled *(Br)*	grillé au charbon de bois
chopped	en morceaux
cold	frais, froid
creamed	à la crème
creamed potatoes	purée de pommes de terre
diced	coupé en morceaux
dried	séché
fried	frit
grilled *(Br)*	cuit au grill
hot	épicé
mashed	en purée
medium	à point
melted	fondu
oven-baked	cuit au four
over easy	cuit sur les deux côtés
pan-fried	sauté
puréed	en purée
rare	saignant
roast	rôti
sautéd	sauté
sliced	en tranches
smoked	fumé
spicy	épicé
stir-fried	sauté

stuffed farci
sunny side up sur le plat
well done bien cuit

◆ accompaniments accompagnements

Boston baked beans haricots blancs au lard
bubble and squeak plat à base de pommes de terre et de choux, servi réchauffé
cauliflower cheese chou-fleur en gratin
champ plat à base de purée de pommes de terre et de ciboule ou de poireaux
clapshot plat à base de purée de pommes de terre, de ciboule et de rutabaga
colcannon plat à base de purée de pommes de terre et de chou
dumplings boulettes de pâte
game chips frites fines
mushy peas purée de petits pois

◆ breakfast petit déjeuner

eggs benedict œufs pochés servis sur des muffins, accompagnés d'une tranche de jambon et d'une sauce hollandaise
eggs florentine œufs pochés servis sur des muffins, accompagnés d'épinards et d'une sauce hollandaise
French toast pain perdu
grits *(Am)* gruau de maïs
hash browns pommes de terre râpées et sautées
home fries *(Am)* pommes de terre sautées non pelées
kedgeree riz pilaf au poisson fumé et aux œufs durs

◆ cakes, biscuits and confectionery gâteaux, biscuits et confiseries

angel food cake gâteau de Savoie
apple popover *(Am)* chausson aux pommes
apple turnover *(Br)* chausson aux pommes
bear claw chausson aux fruits portant sur le dessus des incisions semblables à des griffes d'ours
blueberry muffin muffin aux myrtilles
brandy snap cigarette russe au gingembre
carrot cake gâteau aux carottes

chocolate cake	gâteau au chocolat
chocolate chip cookie	cookie aux pépites de chocolat
devil's food cake	gâteau au chocolat noir
fudge doughnut	beignet au caramel
jam doughnut	beignet à la confiture

◆ desserts desserts

apple pie *(Am)*	tarte aux pommes
apple strudel	strudel aux pommes
apple tart *(Br)*	tarte aux pommes
Baked Alaska	omelette norvégienne
Bakewell tart	fond de tarte fourré au biscuit de Savoie, à la confiture et à la pâte d'amandes
banoffee pie	sorte de gâteau à la banane et au caramel
Boston cream pie	gâteau recouvert de chocolat accompagné d'une crème anglaise
bread and butter pudding	pudding au pain
cheesecake	gâteau au fromage (blanc)
cobbler *(Am)*	dessert composé de fruits recouverts d'une couche de pâte
crumble *(Br)*	dessert composé de fruits recouverts d'une couche de pâte
fruit salad	salade de fruits
lemon meringue pie	tarte au citron meringuée
pecan pie	tarte aux noix de pecan
pumpkin pie	tarte au potiron
rice pudding	riz au lait
steamed pudding	pudding cuit à la vapeur
sticky toffee pudding	pudding au caramel cuit à la vapeur
strawberry shortcake	tarte sablée aux fraises
sundae	coupe de glace aux fruits et à la crème chantilly
trifle	dessert où alternent une couche de génoise imbibée d'alcool et de fruits en gelée et une couche de crème anglaise, et recouvert de chantilly

◆ main courses plats de résistance

bangers and mash	saucisses-purée
beef olives	chair à saucisse enrobée de fines tranches de bœuf, cuite à la cocotte
beef wellington	bœuf en croûte

chicken-fried steak *(Am)* steak pané
Cornish pasty chausson à la viande et aux légumes
coronation chicken morceaux de poulet froid à la mayonnaise parfumée au curry
fish and chips poisson-frites
game pie sorte de tourte au gibier
meatballs boulettes de viande
meatloaf pain de viande
mixed grill assortiment de grillades
pork pie paté en croûte à la viande de porc
pot pie *(Am)* tourte à la viande et aux légumes
pot roast rôti à la cocotte
shepherd's pie hachis Parmentier
toad in the hole plat composé de saucisses cuites au four dans une sorte de pâte à crêpes

◆ salads and dressings salades et assaisonnements

blue cheese dressing sauce au bleu
Caesar salad salade romaine agrémentée de croûtons, de parmesan et assaisonnée d'une vinaigrette additionnée d'œuf et d'anchois
chef's salad salade à base de poulet, de jambon et de fromage
cobb salad salade à base d'œufs durs, de bacon et de poulet
French dressing vinaigrette
green salad salade verte
mixed salad salade composée
potato salad salade de pommes de terre
Russian dressing vinaigrette relevée au piment
Thousand Island dressing sauce à base de mayonnaise, de ketchup et de cornichons hachés
Waldorf salad salade composée de pommes, de céleri et de noix, assaisonnée avec de la mayonnaise

◆ sandwiches sandwiches

BLT sandwich avec du bacon, de la laitue et de la tomate
club sandwich sandwich mixte à trois couches
dagwood sandwich *(Am)* gros sandwich avec de la viande, du fromage etc.

grinder *(Am)*	sorte de gros sandwich
hero *(Am)*	sorte de gros sandwich
hoagy *(Am)*	sorte de gros sandwich
po'boy *(Am)*	gros sandwich typique de la Nouvelle Orléans
Reuben *(Am)*	sandwich chaud au pastrami, corned beef, fromage et choucroute
sub(marine)	gros sandwich mixte de forme allongée
toasted sandwich, toastie	sandwich grillé
Welsh rarebit	sorte de toast au fromage

◆ **snacks** sur le pouce

beans on toast	haricots blancs servis sur une tranche de pain grillé
buffalo wings	ailes de poulet frites
chilli dog	hot dog au chili con carne
corn chip *(Am)*	tortilla *(chips)*
corn dog *(Am)*	saucisse de Francfort enrobée de farine de maïs, frite et servie sur un bâtonnet
garlic bread	pain chaud au beurre d'ail
ploughman's lunch	assiette de fromage, de pain et de pickles
potato skins	pommes de terres cuites au four évidées puis garnies
sloppy joe *(Am)*	hamburger
tuna melt	sandwich au thon recouvert de fromage fondu

◆ **soups** soupes

chowder	potage épais contenant du poisson ou des fruits de mer, souvent des palourdes
cock-a-leekie soup	soupe au poulet et aux poireaux
gumbo	soupe épaisse aux fruits de mer
lobster bisque	bisque de homard
Scotch broth	soupe à base de légumes et d'orge perlé

◆ glossaire de l'alimentation

alcopop prémix
allspice poivre de la Jamaïque
almond amande
anchovy anchois
apple pomme
apricot abricot
artichoke artichaut
arugula *(Am)* roquette
asparagus asperge(s)
avocado avocat
bagel petit pain en couronne
baked beans haricots blancs en sauce
baked potato pomme de terre en robe de chambre
baloney *(Am)* saucisse à base de bœuf, veau et porc, mangée froide
banana banane
barley orge
barley water sirop à base d'orge généralement parfumé au citron ou à l'orange
basil basilic
bay leaf feuille de laurier
beansprout germe de soja
beef bœuf
beef jerky *(Am)* bœuf séché
beer bière
beet *(Am)* betterave
beetroot *(Br)* betterave
bell pepper *(Am)* poivron
biscuit biscuit, *(Am)* petit gâteau que l'on mange avec de la confiture ou avec un plat salé
bitter lemon Schweppes® au citron
bittersweet chocolate *(Am)* chocolat noir
blackberry mûre
blackcurrant cassis
black coffee café noir, express
black pepper poivre noir
black pudding boudin noir
blueberry myrtille
blue cheese bleu
boiled egg œuf à la coque
bologna *(Am)* = baloney
Bombay mix mélange apéritif épicé composé de cacahouètes et de lentilles
brandy cognac
Brazil nut noix du Brésil
bread pain
breadstick gressin
broad beans fèves
broccoli brocolis
brown sugar sucre roux
Brussels sprouts choux de Bruxelles
Buck's fizz cocktail composé de champagne et de jus d'orange
buckwheat sarrasin
burger hamburger
butter beurre
butter bean haricot beurre
cabbage chou
candy *(Am)* bonbon
candy bar *(Am)* barre chocolatée
caper câpre
carrot carotte
cashew nut noix de cajou
cauliflower chou-fleur
cayenne pepper poivre de Cayenne
celeriac céléri-rave
celery céléri
cereal céréales
chard blette
cheese fromage

cheese spread fromage à tartiner
cherry cerise
chestnut marron
chicken poulet
chicken breast blanc de poulet
chicken leg cuisse de poulet
chicken liver foie de volaille
chicken thigh cuisse de poulet
chicken wings ailes de poulet
chickpea pois chiche
chilli *(légume)* piment; *(plat)* chili con carne
chips *(Br)* frites, *(Am)* chips
chives ciboulette
chocolate chocolat
chocolate bar *(Br)* barre chocolatée
chop côtelette
cider *(Br)* cidre, *(Am)* jus de pommes
cilantro *(Am)* coriandre
cinnamon cannelle
clam palourde
clotted cream crème fraîche très épaisse
cloves clous de girofle
club soda *(Am)* eau de Seltz
cockle coque
coconut noix de coco
cod morue
coffee café
Coke® Coca®
coleslaw salade de chou cru à la mayonnaise
cookie biscuit
coriander coriandre
corn maïs
cornbread pain à la farine de maïs
cornflour fécule de maïs
corn on the cob épi de maïs
corn pone *(Am)* pain de maïs
corn salad mâche
cos lettuce *(Br)* romaine
cottage cheese fromage blanc égoutté
courgette *(Br)* courgette
crab crabe
cracker biscuit salé
cranberry canneberge (baie rouge au goût acidulé)
cranberry juice jus de canne-berge
cress variété de cresson
crisps *(Br)* chips
crumpet *(Br)* galette épaisse qu'on mange chaude et beurrée
cucumber concombre
currant raisin de Corinthe
custard sorte de crème anglaise
cutlet côtelette
Danish pastry sorte de pâtisserie fourrée
date datte
decaf déca
demerara sugar cassonade
Diet Coke® Coca Light®
digestive biscuit *(Br)* biscuit sablé
dill aneth
dip sauce dans laquelle on trempe les crudités, chips, etc.
donut *(Am)* beignet
double cream *(Br)* sorte de crème fraîche épaisse
doughnut *(Br)* beignet
Dover sole sole
drink boisson
Dublin Bay prawn langoustine
duck canard
eggnog lait de poule alcoolisé
eggplant *(Am)* aubergine
endive frisée, endive

espresso express
fava bean *(Am)* fève
fennel fenouil
fig figue
fillet filet
fillet steak filet de bœuf
fishcake croquette de poisson
flaky pastry *(Br)* pâte feuilletée
flapjack *(Br)* biscuit à l'avoine, *(Am)* petite crêpe épaisse
flour farine
frankfurter saucisse de Francfort
French fries frites
French toast pain perdu
fried egg œuf sur le plat
fries frites
fritter beignet
frozen yoghurt yaourt glacé
fruit fruit
fruit juice jus de fruit
fudge caramel
game gibier
gammon jambon fumé
garlic ail
gherkin cornichon
ginger gingembre
ginger ale boisson gazeuse aux extraits de gingembre pouvant servir à couper un alcool
ginger beer limonade au gingembre
gingerbread pain d'épices
ginger nut, ginger snap biscuit au gingembre
goat's cheese fromage de chèvre
goose oie
gooseberry groseille à maquereau
graham cracker *(Am)* biscuit rond légèrement sucré
grape raisin
grapefruit pamplemousse
grapefruit juice jus de pamplemousse
gravadlax, gravlax saumon fumé mariné dans un mélange d'épices, de sel et de sucre
gravy sauce au jus de viande
Greek yoghurt yaourt grec
green bean haricot vert
green pepper poivron vert
ground beef *(Am)* steak haché
guava goyave
guinea fowl pintade
haddock aiglefin
hake merlu
half-and-half *(Am)* mélange de crème et de lait (pour le café)
halibut flétan
ham jambon
hard-boiled egg œuf dur
hard cider *(Am)* cidre
hazelnut noisette
heavy cream *(Am)* sorte de crème fraîche épaisse
herbal tea tisane
herbs fines herbes
herring hareng
honey miel
honeydew melon melon d'Espagne
horseradish raifort
hot chocolate chocolat chaud
ice cream glace
jacket potato pomme de terre en robe de chambre
jam confiture
jelly *(Br)* gelée, *(Am)* confiture
Jerusalem artichoke topinambour
John Dory saint-pierre

kale chou frisé
kebab brochette
kidney rognon
kipper hareng fumé
lager bière blonde
lamb agneau
latte café crème
leek poireau
lemon citron
lemonade limonade
lemon sole limande-sole
lentils lentilles
lettuce laitue, salade
light cream *(Am)* crème liquide
lime citron vert
lime cordial sirop de citron vert
liver foie
lobster homard
lox *(Am)* saumon fumé
lychee litchi
macadamia nut noix de macadamia
macaroon macaron
mackerel maquereau
malted *(Am)* milkshake à base de lait malté
mangetout *(Br)* mange-tout
mango mangue
maple syrup sirop d'érable
marjoram marjolaine
marmalade confiture d'oranges
marrow courge
marshmallow guimauve
marzipan pâte d'amandes
mash, mashed potatoes purée de pommes de terre
meat viande
milk lait
milk chocolate chocolat au lait
milkshake milk-shake
mince *(Br)* steak haché
mincemeat *(garniture)* mélange de fruits secs et d'épices ; *(viande)* steak haché
mineral water eau minérale
mint menthe
monkfish lotte
muffin muffin (petit pain rond qu'on mange toasté et beurré)
mulled wine vin chaud épicé
mushroom champignon
mussels moules
mustard moutarde
noodles nouilles
nuts terme générique pour désigner les fruits secs tels que noix, noisettes, pistaches, etc
nutmeg noix de muscade
octopus poulpe
offal abats
oil huile
okra gombo
olive olive
olive oil huile d'olive
onion oignon
onion rings beignets d'oignons en rondelles
orange orange
orange juice jus d'orange
oregano origan
oxtail queue de bœuf
oyster huître
pancake *(mince)* crêpe ; *(épais)* sorte de petite galette épaisse
papaya papaye
Parma ham jambon de Parme
parsley persil
parsnip panais (légume blanc en forme de carotte)
partridge perdrix
passion fruit fruit de la passion
pasta pâtes

pea petit pois
peach pêche
peanut cacahouète
peanut butter beurre de cacahouètes
pear poire
pecan noix de pecan
pesto pistou
pheasant faisan
pickles petits morceaux de légumes macérés dans du vinaigre
pie tourte
pineapple ananas
pistachio pistache
plaice carrelet
plain chocolate *(Br)* chocolat noir
plum prune
poached egg œuf poché
pork porc
port porto
porterhouse *(Am)* châteaubriand
potato chips *(Am)* chips
pot pie *(Am)* tourte à la viande et aux légumes
prawn crevette
prawn cocktail entrée de crevettes à la mayonnaise
pretzel bretzel
prune pruneau
pudding *(Br)* dessert
puff paste *(Am)* pâte feuilletée
puff pastry *(Br)* pâte feuilletée
pulses légumineuses
pumpkin potiron
rabbit lapin
raisin raisin sec
raspberry framboise
redcurrant groseille (rouge)
red mullet rouget barbet
red pepper poivron rouge
red snapper vivanneau
rhubarb rhubarbe
rice riz
roast beef rosbif
roast chicken poulet rôti
roast lamb rôti d'agneau
roast pork rôti de porc
roast potato pomme de terre rôtie au four
rocket roquette
roll petit pain rond
romaine *(Am)* romaine
root beer *(Am)* boisson gazeuse à base d'extraits végétaux
rosemary romarin
rum rhum
rump steak romsteck
runner bean haricot d'Espagne
saffron safran
sage sauge
salad salade
salmon saumon
satsuma *(Br)* type de mandarine
sauerkraut choucroute
sausage saucisse, saucisson
scallion *(Am)* oignon blanc
scallop coquille Saint-Jacques
scone sorte de pain au lait rond qu'on mange avec du beurre et de la confiture
scotch whisky, Scotch
scrambled eggs œufs brouillés
sea bass bar, loup
sea bream daurade
semi-skimmed milk *(Br)* lait demi-écrémé
shallot échalote
shandy panaché
sherbet *(Am)* sorbet
shortbread, shortcake sablé

au beurre
shortcrust pastry pâte brisée
shrimp crevette
single cream crème liquide
sirloin steak bifteck dans l'aloyau
skate raie
skim milk *(Am)* lait écrémé
skimmed milk *(Br)* lait écrémé
smoked salmon saumon fumé
smoothie boisson à base de jus de fruit mélangé à du yaourt ou à du lait
snow pea *(Am)* mange-tout
soda water eau de Seltz
soft drink boisson non-alcoolisée
sour(ed) cream crème aigre
soy sauce sauce de soja
spare ribs travers de porc
sparkling pétillant, mousseux
spice épice
spinach épinards
spring onion oignon blanc
squash *(légume)* courge ; *(boisson)* sirop
squid calamar(s)
stew ragoût
stir-fry sauté
stock bouillon
strawberry fraise
streaky bacon bacon entrelardé
string bean haricot vert
stuffing farce
sugar sucre
sugar pea mange-tout
sultana raisin de Smyrne
swede *(Br)* rutabaga
sweetcorn maïs
sweet potato patate douce
swordfish espadon
tangerine mandarine
tarragon estragon
T-bone steak steak dans l'aloyau
tea thé
tenderloin filet
thyme thym
toffee caramel
tomato tomate
tomato juice jus de tomate
tonic (water) Schweppes®
trout truite
truffle truffe
tuna thon
turkey dinde
Turkish delight loukoum
turmeric curcuma
turnip navet
vanilla vanille
veal veau
venison venaison, chevreuil
vinegar vinaigre
wafer gaufrette
waffle gaufre
walnut noix
water eau
watercress cresson
watermelon pastèque
whisky *(Br)* whisky, *(Am)* bourbon
whitebait petite friture
white pepper poivre blanc
wine vin
wood pigeon ramier
wrap tortilla fourrée
yam *(Am)* patate douce
yellow pepper poivron jaune
yoghurt yaourt
Yorkshire pudding épaisse crêpe salée, traditionnellement servie avec du rôti de bœuf
zucchini *(Am)* courgette

SORTIR

Vous trouverez une mine d'informations sur ce qu'il y a à faire à Londres dans le magazine culturel **Time Out** qui sort le mardi : expositions, spectacles, restaurants, boîtes de nuit, etc. Les discothèques britanniques sont ouvertes jusqu'à 2h ou 3h du matin (plus tard à Londres).

À New-York, achetez le **Time Out New York** ou procurez-vous le **Village Voice**, qui est gratuit. Le cinéma est très bon marché aux États-Unis mais les petites villes n'ont souvent pas de cinéma en centre-ville et il vous faudra sans doute aller dans la périphérie pour trouver un **multiplex**. Les discothèques aux États-Unis ferment généralement à une heure du matin (plus tard dans les grandes villes) ; l'âge minimum requis est 21 ans.

Pour commencer

bar	bar *bâr*
boîte de nuit	(night)club *(naïte)cleube*
cinéma *(genre)*	*(Br)* cinema *cinéma*, *(Am)* movies *mouviz*
cinéma *(lieu)*	*(Br)* cinema *cinéma*, *(Am)* movie theater *mouvi THiateur*
cirque	circus *seurkseuss*
concert de rock/ jazz/ pop	rock/ jazz/ pop concert *rock/ djâzz/ pope connsseurte*
danse classique	ballet *bâlè*
danse contemporaine	modern dance *modeurn dannss*
festival	festival *fèstiveul*
film	film *film*, movie *mouvi*
folklorique	folk *fôk*, traditional *tradicheuneul*
groupe *(de musique)*	group *groupp*, band *bènnd*
musique classique	classical music *classikeul miouzik*
musique traditionnelle	traditional music *tradicheuneul miouzik*
réserver (par téléphone)	to book (by phone) *tou bouk (baille fôn)*

soirée *(organisée)* party *pârti*
sortir to go out *tou gô aoute*
spectacle show *chôw*
théâtre theatre *THiateur*
ticket ticket *tikèt*
VO sous titrée subtitled *seubtaïteuld*

PROPOSER, INVITER

S'exprimer

où est-ce qu'on peut aller ?
where can we go?
ouère kèn wi gô?

on va prendre un verre ?
shall we go for a drink?
chèl wi gô fore e drinnk?

ça te dit d'aller ... ?
how about going...?
Hâo eubaoute goïne...?

qu'est-ce que tu veux faire ?
what do you want to do?
ouate dou you ouante tou dou?

qu'est-ce que tu fais ce soir ?
what are you doing tonight?
ouate âr you douïnng tounaïte?

tu as quelque chose de prévu ?
have you anything planned?
Hav you ènifinng plannd?

aujourd'hui je ne peux pas mais un autre jour si tu veux
I can't today but we can make it another day if you like
aï kante toudeï beute wi kèn meïk-kite enoZeur deï ife you laïke

je ne suis pas sûr de pouvoir
I'm not sure I can make it
aïme note choure aï kèn meïk-kite

avec plaisir
that would be good
Zat woude bi goude

SE RETROUVER

S'exprimer

est-ce qu'on ne pourrait pas se retrouver un peu plus tard ?
could we meet a bit later?
coude wi mite e bite leïteur?

je dois rejoindre ... à 9h
I have to meet... at nine o'clock
aï Hav tou mite... ate naïne e-cloque

on se retrouve où ?
where shall we meet?
ouère chèl wi mite?

à demain soir
see you tomorrow night
si you toumôrô naïte

on se retrouve à quelle heure ?
what time shall we meet?
ouate taïme chèl wi mite?

je ne sais pas où c'est mais je trouverai sur la carte
I don't know where it is but I'll find it on the map
aï donnte nô ouère ite iz beute âl faïnde ite onn Ze mâp

je vous rejoindrai plus tard
I'll meet you later
âl mite you leïteur

tu auras mangé avant ?
will you have already eaten?
wil you Hav ôlrèdi iteun?

désolé d'être en retard
sorry I'm late
sori aïme leïte

Comprendre

is that OK with you?
est-ce que ça te va ?

we'll meet in front of...
on se retrouve devant ...

I'll come and pick you up around 8 o'clock
je passerai te chercher vers 8h

we'll just meet there
on se rejoint directement là-bas

I'll give you my number, just call me tomorrow
je vais te donner mon numéro, tu n'as qu'à m'appeler demain

Quelques expressions familières

(Br) **to go on a pub crawl**, *(Am)* **to go bar-hopping** faire la tournée des bars
to have a bite to eat manger un bout
the ads les pubs

CINÉMA, SPECTACLES, CONCERTS

S'exprimer

est-ce qu'il y a un guide des spectacles ?
is there a listings magazine?
iz Zèr e listinngz mâgueuzine?

je voudrais 3 places pour ...
I'd like three tickets for...
aïde laïke THri tikètss fore...

2 tickets, s'il vous plaît
two tickets, please
tou tikètss, plize

c'est une actrice connue mais je ne me souviens plus de son nom
she's a famous actress but I can't remember her name
chiz e feïmeuss actress beute aï kante rimèmmbeur Heur neïme

il joue dans ce film
he's in this film
Hiz inn Ziss film

ça s'appelle ...
it's called...
itss côld...

je l'ai déjà vu en France, c'est pas mal
I already saw it in France, it's not bad
aï ôlrèdi sôw ite inn franss, itss note bâde

j'en ai entendu parler, il paraît que c'est ...
I've heard of it, it's apparently...
aïve Heurde ov-ite, itss eupareuntli...

à quelle heure est la séance ? et le film ?
what time does the (Br) programme/ (Am) program start? what about the film?
ouate taïme daz Ze prôgramm starte? ouate eubaoute Ze film?

j'aimerais bien aller voir un spectacle
I'd like to go to a show
aïde laïke tou gô tou e chôw

je vais passer voir s'il reste des places
I'll call in and see if there are any tickets left
âl côl-line ènde si iff Zèr âr èni tikètss lèfte

ça joue jusqu'à quand ?
how long is it on for?
Hâo longue iz ite onn fore?

est-ce qu'il faut réserver à l'avance ?
do you have to book in advance?
dou you Hav tou bouk inn eudvanss?

est-ce qu'il reste des places un autre jour ?
are there any tickets left for a different day?
âr Zèr èni tikètss lèfte fore e diffreunt deï?

j'aimerais bien aller à un concert dans un café
I'd like to go and see some live music in a bar
aïde laïke tou gô ènde si somme laïve miouzik inn e bâr

est-ce qu'il y a des concerts gratuits ?
are there any free concerts?
âr Zèr èni fri connsseurtss?

c'est quel genre de musique ?
what kind of music is it?
ouate kaïnde ov miouzik iz ite?

je n'aime pas beaucoup ce type de musique
I don't like that type of music much
aï donnte laïke Zat taïpe ov miouzik meutche

Comprendre

arthouse cinema	cinéma d'art et d'essai
blockbuster	grosse production, film commercial
on general release from...	sortie le ...
reservations	réservations
restricted view	place sans visibilité
ticket office	billetterie

there's a classical music concert in the church
il y a un concert de musique classique dans l'église

it's an open-air concert
c'est un concert en plein air

it's out next week
ça sort la semaine prochaine

it's had some very good reviews
il y a de très bonnes critiques

it's on at eight o'clock at the Odeon
ça joue à 8h à l'Odeon

it's fully booked until...
c'est complet jusqu'au ...

this showing is sold out
il n'y a plus de places pour cette séance

it's best to turn up a quarter of an hour early
il est conseillé de venir un quart d'heure avant

the tickets are on sale at the door, half an hour before the show starts
les places sont vendues à l'entrée, une demi-heure avant le spectacle

it's not worth booking in advance
ce n'est pas la peine de réserver à l'avance

the play lasts for an hour and a half, including the *(Br)* **interval/** *(Am)* **intermission**
la pièce dure une heure et demie avec entracte

please switch off your mobile phone
prière d'éteindre votre portable

FÊTES, SOIRÉES, DISCOTHÈQUES

S'exprimer

j'organise une petite soirée pour mon départ
I'm planning a little party since I'm leaving
aïme planninng e liteul pârti sinnss aïme livinng

est-ce qu'il faut apporter quelque chose à boire ?
do we need to take something to drink?
dou wi nide tou teïke sommTHinng tou drinnk ?

on pourrait aller en boîte après
we can go to a club afterwards
wi kèn gô tou e cleub âfteuweurdz

l'entrée est payante ?
do you have to pay to get in?
dou you Hav tou peille tou guète inn?

je dois retrouver quelqu'un à l'intérieur
I need to meet someone inside
aï nide tou mite sommouane innsaïde

merci, mais je suis avec mon copain
thanks, but I'm with my boyfriend
THènxe, beute aïme wiv maï boïfrènde

je danse comme un pied
I can't dance to save myself
aï kante dannss tou seïve maïssèlf

non merci, je ne fume pas
no thanks, I don't smoke
no THènxe, aï donnte smôke

Comprendre

cloakroom vestiaire
funfair fête foraine
open air en plein air
parade défilé

there's a party at her place
il y a une soirée chez elle

can I buy you a drink?
je t'offre quelque chose à boire ?

do you want to dance?
tu veux danser ?

you're gorgeous
tu es très belle

do you have a light?
est-ce que tu aurais du feu ?

could I have a cigarette?
est-ce que tu aurais une cigarette ?

can I see you home?
je peux vous raccompagner ?

could we see each other again?
on peut se revoir ?

VISITES TOURISTIQUES

Les offices du tourisme (**Tourist Information Centres**) britanniques offrent de nombreux services : conseils, cartes (gratuites et payantes), réservations, etc.

Aux États-Unis, le réseau de **Tourist Information Centers** est moins développé. Dans les parcs nationaux, le **Visitors' Center** qui est à l'entrée propose des visites, des cartes, et toute une série de renseignements utiles.

Pour commencer

ancien	ancient *ènncheunt*
antique	antique *anntik*
art contemporain	contemporary art *conntèmmporeuri ârte*
art moderne	modern art *modeurn arte*
cathédrale	cathedral *keTHidreul*
centre-ville	*(Br)* town centre *taoune sènnteur, (Am)* downtown *daountaoune*
château	castle *kâsseul*
église	church *tcheurtch*
exposition	exhibition *exibicheun*
galerie	gallery *galeuri*
guide *(personne)*	guide *gaïde*
musée	museum *miouzieum*
office du tourisme	tourist office *tourist office*
parc	park *pârk*
peinture	painting *peïnntinng*
quartier	area *èri-eu*
ruines	ruins *rounz*
siècle	century *sènntcheuri*

tableau painting *peïnntinng*
touristique tourist *tourist*

S'exprimer

je voudrais avoir des renseignements sur ...
I'd like some information on...
aïde laïke somm innformeïcheun onn...

où est-ce que je peux trouver des informations sur ... ?
where can I find information on...?
ouère kèn aï faïnde innformeïcheun onn...?

est-ce que vous auriez un plan de Londres ?
do you have a street map of London?
dou you Hav e strite mâp ov Lonndonn?

on m'a dit qu'il y a une ancienne abbaye qu'on peut visiter
I've heard there's an old abbey that you can visit
aïve Heurde Zèrz ann ôld abi Zat you kèn vizite

vous pouvez me montrer où c'est sur le plan ?
can you show me where it is on the map?
kène you chôw mi ouère ite iz onn Ze mâp?

comment on y va ?
how do I/we get there?
Hâo dou aï/wi guète Zèr?

c'est gratuit ?
is it free?
iz ite fri?

quand est-ce que ça a été construit ?
when was it built?
ouène waz-zite bilt?

Comprendre

admission free entrée libre
closed fermé
Gothic gothique
guided tour visite guidée
invasion invasion
medieval médiéval
old town vieille ville
open ouvert
renovation/ restoration work travaux de rénovation/restauration
Romanesque roman
war guerre
you are here vous êtes ici *(sur un plan)*

you'll have to ask when you're there
il faut vous renseigner sur place

the chapel dates from the thirteenth century
la chapelle date du treizième siècle

several houses go as far back as the Middle Ages
plusieurs maisons remontent au Moyen-Âge

MUSÉES, EXPOSITIONS ET MONUMENTS

Les musées nationaux sont gratuits en Grande-Bretagne. Cependant, tout comme pour les cathédrales, les dons sont bienvenus. L'entrée est souvent payante pour les nombreux monuments et sites gérés par l'organisme public **English Heritage** et celui, privé, de la **National Trust**, mais vous pouvez vous procurez un **pass** si vous prévoyez d'en visiter plusieurs. Les musées en Grande-Bretagne sont généralement ouverts de 10h à 17h30 et aux États-Unis de 10h à 16h30.

S'exprimer

il paraît qu'il y a une très bonne expo sur ... en ce moment
apparently there's a very good... exhibition at the moment
eupareuntli Zèrz e vèri goude...exibicheun ate Ze mômeunt

combien coûte l'entrée ?
how much does it cost to get in?
Hâo meutche daz ite coste tou guète inn?

le ticket est valable aussi pour l'exposition ?
is this ticket valid for the exhibition too?
iz Ziss tikèt vâlidd fore Zi exibicheun tou?

est-ce qu'il y a des réductions pour les jeunes ?
are there any discounts for young people?
âr Zèr èni disscaountss fore yonngue pipole?

est-ce que c'est ouvert le dimanche ?
is it open on Sundays?
iz ite ôpeun onn seunndeïz?

2 tarifs réduits et un plein tarif
two concessions and one full price
tou konnssècheunz ènde ouane foul praïss

j'ai cette carte de mon université
I have this student card
aï Hav Ziss stioudeunt cârde

à quelle heure est la prochaine visite guidée ?
when is the next guided tour?
ouène iz Ze nexte gaïdeud tour?

combien dure la visite ?
how long does the tour last?
Hâo longue daz Ze tour lâste?

Comprendre

audio guide	audiophone
no flash photography	flash interdit
no photography	photos interdites
permanent exhibition	exposition permanente
silence, please	silence, s'il vous plaît
temporary exhibition	exposition temporaire
this way	sens de la visite
ticket office	billetterie

entry to the museum costs…
l'entrée du musée coûte …

this ticket also entitles you to see the exhibition
avec ce ticket, vous avez aussi accès à l'exposition

do you have your student card with you?
vous avez votre carte d'étudiant ?

there is a guided tour in French which starts in five minutes
il y a une visite guidée en français qui commence dans 5 minutes

IMPRESSIONS

S'exprimer

c'est magnifique
it's magnificent
itss mag-nifiseunt

ça ne m'a pas tellement plu
I didn't like it that much
aï dideunte laïke ite Zat meutche

je ne suis pas fana d'art contemporain
I'm not a fan of modern art
aïme note e fann ov modeurn ârte

c'est cher pour ce que c'est
it's expensive for what it is
itss expènsiv fore ouate ite iz

c'est très touristique
it's very popular with tourists
itss vèri popiouleur wiv touristss

il y avait énormément de monde
it was extremely crowded
ite waz èkstrimli craodide

finalement on n'y a pas été, il y avait trop de queue
we didn't go in the end, the queues were too long
wi dideunte gô inn Zi ènde, Ze kiouz ouère tou longue

on n'a pas eu le temps de tout voir
we didn't have enough time to see everything
wi dideunte Hav inoftaïme tou si èvri THing

Comprendre

famous	célèbre
picturesque	pittoresque
typical	typique

you absolutely have to go and see...
il faut absolument que vous alliez voir ...

I recommend that you go to...
je vous recommande d'aller à ...

there's a wonderful view across the whole valley
il y a une vue superbe sur toute la vallée

it has become very popular with tourists
c'est devenu très touristique

the coast has been totally ruined
la côte a été complètement défigurée

SPORTS ET JEUX

En Grande-Bretagne, de nombreux aficionados pratiquent la randonnée pédestre (**hiking**) et la randonnée en montagne (**climbing**), et ce par tous les temps mais toujours équipés de vêtements imperméables (**waterproofs**) au cas où … **Football**, **rugby** et **cricket** sont également très pratiqués.

Le sport occupe une place de choix dans la vie des Américains, notamment à l'université. Les sports d'équipe les plus courus sont le **football**, le **baseball**, le **basketball** et le **ice hockey** (hockey sur glace). Les matchs entre certaines équipes déchaînent régulièrement les passions. C'est le cas par exemple des équipes adverses de basket-ball **Boston Celtics** et **Los Angeles Lakers** ou de base-ball **New York Yankees** et **Boston Red Sox**.

Notez qu'en Grande-Bretagne, **football** désigne le football tel qu'il est pratiqué en Europe, et **American football** le football américain. Aux États-Unis, **football** désigne le football américain et **soccer** le football à l'européenne. Le jeu de billard le plus courant aux États-Unis est appelé **pool**. En Grande-Bretagne, même si la plupart des bars ont des billards pour le **pool**, on préfère généralement le **snooker**.

Pour commencer

balle	ball *bôwl*
ballon	ball *bôwl*
cartes	cards *cârdz*
échecs	chess *tchèss*
excursion	trip *trip*
faire de la randonnée	to go hiking *tou gô Haïkinng*
faire une partie de …	to have a game of… *tou Hav e gueïme ov…*
football	soccer *sokkeur*, *(Br)* football *fouttbôwl*
football américain	*(Br)* American football *eumèrikeun fouttbôwl*, *(Am)* football *fouttbôwl*

jeu de société	parlour game *pârleur gueïme*
jeu de société (*Trivial Pursuit®, Monopoly®, etc*)	board game *borde gueïme*
jouer à ...	to play ... *tou pleille...*
jouer au basket-ball	to play basketball *tou pleille bâsskèttbôwl*
match	match *mâtch*
piscine	swimming pool *swiminng poul*
sentier de randonnée	hiking path *Haïkinng paTH*
ski alpin	Alpine skiing *alpaïne ski-inng*
ski de fond	cross-country skiing *cross-keunntri ski-inng*
skier	to ski *tou ski*
sport	sport *sporte*
tennis	tennis *tènniss*
vélo	bike *baïke*
VTC	hybrid *Haïbridd*
VTT	mountain bike *maounteun baïke*

S'exprimer

je voudrais louer un vélo pour une heure
I'd like to rent a bike for an hour
aïde laïke tou rente e baïke fore ann âweur

est-ce qu'on peut prendre des cours de ... ?
are there ... lessons available?
âr Zèr ... lèssonnz euveïlebeul?

combien ça coûte par heure et par personne ?
how much is it per hour and per person?
Hâo meutche iz ite peur âweur ènde peur peursonn?

je ne suis pas très sportif
I'm not very sporty
aïme note vèri sporti

je n'en ai jamais fait
I've never done it before
aïve nèveur donne ite bifore

je suis nul en ...
I'm useless at...
aïme iouzlèss ate...

j'en ai fait une ou deux fois, il y a longtemps
I've done it once or twice, a long time ago
aïve donne ite ouannss ore twaïss, e longue taïme eugô

je n'en peux plus
I'm exhausted
aïme exôwsteud

j'ai des courbatures
my body's aching
maï boddiz eïkinng

SPORTS ET JEUX

Comprendre

...for hire
location de ...

do you have any experience or are you a complete beginner?
est-ce que vous avez des notions ou vous êtes complètement débutant ?

you need to pay a deposit of...
il faut verser un acompte de ...

the insurance costs... and it's obligatory
l'assurance coûte ... et est obligatoire

RANDONNÉE

S'exprimer

est-ce qu'il y a des sentiers de randonnée ?
are there any hiking paths?
âr Zèr èni Haïkkinng paThss?

qu'est-ce que vous nous conseillez comme marche dans les environs ?
what walks can you recommend us in the area?
ouate wôkss kèn you ricomènnde euss ine Zis èri-eu?

on m'a dit qu'il y a une très belle balade au bord du lac
I've heard there's a really nice walk along the lakeside
aïve Heurde Zèrz e rili naïsse wôwk eulongue Ze leïkesaïde

est-ce qu'il faut avoir des chaussures de randonnée ?
do you need hiking boots?
dou you nide Haïkinng boutss?

c'est une randonnée de combien d'heures ?
how many hours does the hike take?
Hâo mèni âweurz daz Ze Haïke teïk?

est-ce que ça monte beaucoup ?
is it very steep?
iz ite vèri stip?

où est-ce que démarre le sentier ?
where's the start of the path?
ouèrz Ze stârt ov Ze paTH?

est-ce que le sentier est balisé ?
is the path waymarked?
iz Ze paTH weille-mârkt?

Comprendre

length of walk: approximately two hours
durée moyenne de la randonnée : 2 heures

it's a three-hour walk including breaks
c'est une marche d'environ 3 heures en comptant les pauses

bring a waterproof jacket and walking boots
prévoyez un K-Way® et des chaussures de marche étanches

SKI

S'exprimer

je voudrais louer des skis, des bâtons et des chaussures de ski
I'd like to hire skis, ski poles and ski boots
aïde laïke tou Hâyeu skiz, ski pôwlz ènde ski boutss

elles sont trop petites
they're too small
Zèr tou smôl

un forfait pour une journée
a day pass
e deï pass

j'ai déjà fait du ski
I've been skiing before
aïve binc ski-inng bifore

Comprendre

chairlift télésiège
day pass forfait
ski lift remontée mécanique
T-bar, button lift tire-fesses

AUTRES SPORTS

S'exprimer

où peut-on louer des vélos ?
where can we rent bikes?
ouère kèn wi rente baïkss?

y a-t-il des pistes cyclables ?
are there any cycle paths?
âr Zèr èni saïkeul pâTHz?

est-ce que quelqu'un aurait un ballon de foot ?
does anyone have a football?
daz èniouane Hav e fouttbôwl?

y a-t-il une piscine en plein air ?
is there an open-air swimming pool?
iz Zèr ann ôpeun-nèr swiminng poul?

je n'ai jamais fait de plongée avant
I've never been diving before
aïve nèveur bine daïvinng bifore

je voudrais prendre des cours de voile pour débutants
I'd like to take beginners' classes in sailing
aïde laïke tou teïk biguineurz clâsseuz inn seïlinng

qu'est-ce que je fais si le kayak se renverse ?
what do I do if the kayak capsizes?
ouate dou aï dou if Ze kayak capsaïzeuz?

Comprendre

there are public tennis courts near the station
il y a un terrain de tennis municipal pas loin de la gare

the tennis court's already taken
le court de tennis est déjà occupé

is this the first time you've been horse-riding?
c'est la première fois que vous montez un cheval ?

can you swim?
vous savez nager ?

do you play basketball?
est-ce que tu joues au basket ?

JEUX DE SOCIÉTÉ

S'exprimer

on se fait une partie de cartes ?
how about a game of cards?
Hâo ebâote e gueïme ov cârdz?

tu veux prendre ta revanche ?
do you want to get your revenge?
dou you ouante tou guète your rivènndje?

c'est à ton tour de jouer
it's your turn
itss your teurne

Comprendre

can you play chess?
vous savez jouer aux échecs ?

do you have a *(Br)* **pack of cards/** *(Am)* **deck of cards?**
est-ce que tu as un jeu de cartes ?

COURSES ET SHOPPING

En Grande-Bretagne, les commerces sont généralement ouverts du lundi au samedi inclus, de 9h à 17h30 sans interruption (plus tard le jeudi – c'est la **late-opening night** – et plus tôt dans les petites villes). De plus en plus, les grandes surfaces et autres chaînes restent ouvertes plus tard (jusqu'à 20h, 21h voire 22h) ainsi que le dimanche. À Londres, les magasins ne ferment souvent qu'à 18h30 et les épiceries à 22h. Le tabac coûte environ deux fois plus cher qu'en France et s'achète au même endroit que les journaux, chez le **newsagent's** ou à l'entrée des supermarchés.

Aux États-Unis, on fait l'essentiel de ses courses dans les **shopping malls**, situés dans la périphérie des villes et ouverts 7 jours sur 7, généralement de 9h à 21h, ou dans les **convenience stores**, plus centraux et ouverts 7 jours sur 7 de 7h à 23h voire pour certains 24h sur 24. Les petits commerces ferment plus tôt. Les cigarettes, plus chères qu'en France, sont vendues sur présentation d'une pièce d'identité (il faut avoir plus de 18 ans) dans les **convenience stores** et les stations d'essence.

Quelques expressions familières

what a rip-off! c'est de l'arnaque/ hors de prix !
it costs an arm and a leg ça coûte les yeux de la tête
it's a steal c'est donné

Pour commencer

acheter to buy *tou baille*
bon marché cheap *tchip*
boulangerie baker's *beïkeurz*

boutique	(Br) shop *chope*, (Am) store *store*
cadeau	present *prèzeunt*
caisse	cash desk *cache dèsk*
caisse *(d'un supermarché)*	checkout *tchèkkaoute*
centre commercial	(Br) shopping centre *choppinng sènnteur*, (Am) shopping mall *choppinng môle*
cher	expensive *expènsiv*
coûter	to cost *tou coste*
grand magasin	department store *dipartmeunte store*
kilo	kilo *kilo*
légumes	vegetables *vèdjtèbeulz*
magasin	(Br) shop *chop*, (Am) store *store*
marché	market *mârkett*
pain	bread *brèd*
payer	to pay *tou peille*
prix	price *praïsse*
rembourser	to refund *tou rifeunde*
soldes	sales *seïlz*
souvenir *(objet)*	souvenir *souvenir*
supermarché	supermarket *soupeumârkett*
tabac *(lieu de vente)*	(Br) tobacconist's *tobaconnists*, (Am) tobacco store *tobacô store*
ticket de caisse	receipt *rissite*
vendeur	(Br) (shop) assistant *(chope) eussisteunte*, (Am) (sales) clerk *(seïlz) cleurk*
vendre	to sell *tou selle*
vêtements	clothes *clôZz*

S'exprimer

est-ce qu'il y a un supermarché dans le quartier ?
is there a supermarket nearby?
iz Zèr e soupeumârkett nirbaille?

où est-ce que je peux acheter des cigarettes ?
where can I buy cigarettes?
ouère kèn aï baille sigueuretss?

je voudrais ...
I'd like...
aïde laïke...

je cherche ...
I'm looking for...
aïme loukinng fore...

est-ce que vous avez ... ?
do you have...?
dou you Hav...?

est-ce que vous savez où je peux en trouver ?
do you know where I can find one/ them?
dou you nô ouère aï kèn faïnde ouane/ Zèm?

est-ce que vous pouvez me le commander ?
can you order it for me?
kèn you ordeur-rite fore mi?

combien coûte ce ... ?
how much is this...?
Hâo meutche iz Zis...?

c'est bon, je le prends
that's fine, I'll take it
Zatss faïne, âl teïk-kite

vous ne pouvez pas me faire un petit rabais ?
could you give me something off it?
coude you guive mi sommTHinng of-ite?

je n'ai pas beaucoup d'argent
I don't have much money
aï donnte Hav meutche monnè

je n'ai pas assez d'argent
I don't have enough money
aï donnte Hav inof monnè

ça sera tout, merci
that's everything, thanks
Zatss èvri THing, THènxe

est-ce que je peux avoir un sac (plastique) ?
could I have a (plastic) bag?
coude aï Hav e (plâstik) bag?

vous avez fait une erreur en me rendant la monnaie
you've made a mistake with my change
youv meïdd e missteïk wiv maï tchènndje

Comprendre

closed 1 pm to 3pm	fermé de 13h à 15h
closed Sundays	fermé le dimanche
open from... to...	ouvert de ... à ...
sale	soldes
special offer	promotion

is there anything else?
et avec ceci ?

would you like a bag?
est-ce que vous voulez un sac ?

PAYER

Il est courant de payer par carte bancaire en Grande-Bretagne, même pour des petites sommes. On ne vous demandera pas de composer votre code confidentiel mais simplement de signer le reçu.

Attention, aux États-Unis, les prix affichés sont toujours hors taxe. La taxe, qui varie selon les États, est ajoutée au moment de payer à la caisse et n'est pas remboursable. Seuls les produits d'alimentation ne sont pas taxables. Les chèques de voyage en dollars sont acceptés à peu près partout, même pour des petites sommes.

S'exprimer

où est-ce qu'on paye ?
where can I pay?
ouère kèn aï peille?

combien je vous dois ?
how much do I owe you?
Hâo meutche dou aï ôw you?

pourriez-vous me l'écrire, s'il vous plaît ?
could you write it down, please?
coude you raït-tite daoune, plize?

est-ce que je peux payer par carte Visa® ?
can I pay by Visa®?
kèn aï peille baille viza?

je vais payer en liquide
I'll pay cash
âl peille cache

désolé, je n'ai pas de monnaie
sorry, I don't have change
sori, aï donnte Hav tchènnje

est-ce vous pouvez me faire de la monnaie ?
could you give me change, please?
coude you give mi tchènnje, plize?

est-ce que je peux avoir un reçu ?
could I have a receipt?
coude aï Hav e rissite?

Comprendre

pay at the cash desk
payez à la caisse

how would you like to pay?
vous réglez comment ?

could you sign there?
je vais vous demander de signer là

don't you have any change?
vous n'avez pas du tout de monnaie ?

ALIMENTATION

De plus en plus, les Britanniques font leurs courses dans les hypermarchés situés en périphérie et autres chaînes de supermarchés (**Sainsbury**, **Safeway**, **Asda** et **Tesco** sont les plus répandus). Les marchés sont très rares. Pour les légumes et fruits frais, l'alternative aux grandes surfaces est le **corner shop**, équivalent de "l'épicerie du coin" continentale. L'alcool est au moins deux fois plus cher qu'en France et sa vente étant strictement contrôlée, certains magasins ne sont pas habilités à en vendre après une certaine heure. Vous en trouverez jusqu'à 22 heures dans l'un des nombreux magasins **off-licence**.

Aux États-Unis, la plupart des supermarchés ne vendent pas d'alcool. Vous en trouverez, sur présentation d'une pièce d'identité (l'âge minimum légal est de 21 ans), dans les **liquor stores** (couramment appelés **package stores**), qui ferment le dimanche.

S'exprimer

où est-ce qu'on peut acheter à manger à cette heure-ci ?
where can I/ we buy something to eat at this time of night/ the morning?
ouère kèn aï / wi baille sommTHinng tou ite ate Zis taïme ov naïte/ Ze môwrninng?

y a-t-il un marché ?
is there a market?
iz Zèr e mârkett?

y a-t-il une boulangerie dans le coin ?
is there a baker's nearby?
iz Zèr e beïkeurz nir-baille?

je voudrais 5 tranches de jambon
I'd like five slices of ham
aïde laïke faïve slaïsseuz ov Hamm

je vais prendre un petit morceau de ce fromage
I'd like a little piece of that cheese
aïde laïke e liteule piss ov Zat tchizz

non, pas celui-ci, celui-là, plus à droite, oui c'est ça
no, not this one, that one, more to the right, yes, that's the one
nô, note Ziss ouane, Zat ouane, mor tou Ze raïtte, yèss, Zatss Ze ouane

c'est pour 4 personnes
it's for four people
itss fore fore pipole

environ 300 grammes
around three hundred grammes
euraounde THri Heunndreud grammz

un peu plus
a little more
e liteule mor

un peu moins
a little less
e liteule lèss

c'est possible de goûter ?
could I taste it?
coude aï teïsst-tite?

ça se conserve bien ?
does it keep well?
daz-zite kip ouèle?

on peut voyager avec ?
will it travel?
wil-ite traveul?

Comprendre

best before...	à consommer avant le ...
dairy products	produits laitiers
delicatessen	épicerie fine
local specialities	spécialités de la région
(Br) **off-licence**	magasin qui vend de l'alcool

there's a market on every day until one o'clock
il y a marché tous les jours jusqu'à 13h

there's a grocer's just on the corner that stays open late
il y a un épicier juste au coin de la rue qui reste ouvert tard le soir

HABILLEMENT

Pour les correspondances entres tailles européennes, britanniques et nord-américaines, voir les tables de conversion p. 190.

En Grande-Bretagne, tous les articles en solde peuvent être remboursés ou échangés.

Aux États-Unis, essayez impérativement avant d'acheter : les vêtements nord-américains taillent très grand !

S'exprimer

je cherche le rayon hommes
I'm looking for the men's department
aïme loukinng fore Ze mènnz dipârtmeunte

non, merci, je regarde seulement
no, thanks, I'm just looking
nô, THènxe, aïme djeust loukinng

je peux l'essayer ?
can I try it on?
kèn aï traï-yite onn?

je chausse du 39
I take a 39
aï teïk e THeurti-naïne

je voudrais essayer celui-là qui est en vitrine
I'd like to try the one in the window
aïde laïke tou traï Ze ouane inn Ze winndô

où sont les cabines d'essayage ?
where are the fitting rooms?
ouère âr Ze fittinng roumz?

vous ne l'avez pas dans une autre couleur ?
do you have it in another colour?
dou you Hav-vite inn enoZeur coleur?

est-ce que vous l'avez dans une plus petite/ grande taille ?
do you have it in a smaller/ bigger size?
dou you Hav-vit inn e smôleur/ bigueur saïze?

est-ce que vous les avez en rouge ?
do you have them in red?
dou you Hav Zèm inn rèd?

c'est trop large
it's too large
itss tou lârdje

oui, ça va, je les prends
yes, that's fine, I'll take them
yèss, Zatss faïne, âl teïk Zèm

non, je n'aime pas
no, I don't like it
nô, aï donnte laïke ite

je vais réfléchir
I'll think about it
âl THinnk ebaoute ite

Comprendre

changing rooms cabines d'essayage
children's wear vêtements pour enfants
fitting rooms cabines d'essayage
ladies' wear vêtements pour femmes

late-night opening Thursdays — nocturne les jeudis
menswear — vêtements pour hommes
open this Sunday — ouverture exceptionnelle dimanche

hello, can I help you?
bonjour, je peux vous aider ?

are you looking for something in particular?
vous cherchez quelque chose ?

we only have it in blue or black
il ne nous en reste que en bleu ou en noir

we don't have any left in this size
il ne nous en reste plus dans cette taille

it really suits you
ça vous va bien

so, what do you think?
alors ? qu'est-ce que vous en pensez ?

SOUVENIRS ET CADEAUX

S'exprimer

je cherche un cadeau à ramener
I'm looking for a present to take back
aïme loukinng fore e prèzeunt tou teïk bak

je voudrais quelque chose de facile à transporter
I'd like something easy to transport
aïde laïke sommTHinng izi tou trannspôrte

c'est pour une petite fille de 4 ans
it's for a little girl of four
itss fore e liteule gueurl ov fore

est-ce que vous pouvez me faire un paquet-cadeau ?
can you gift-wrap it for me?
kèn you gift-rap ite fore mi?

Comprendre

hand-made — fait main
made of wood/ silver/ gold — en bois/ argent/ or
traditionally made product — produit artisanal

that depends, how much would you like to spend?
ça dépend, combien êtes-vous prêt à dépenser ?

PHOTO

Les pellicules et le développement coûtent moins cher en Grande-Bretagne et aux États-Unis et sont également disponibles dans les supermarchés et les chaînes de magasins (comme **Boots** en Grande-Bretagne).

Pour commencer

appareil jetable disposable camera *disspôzebeul câmeureu*
appareil numérique digital camera *didjiteul câmeureu*
appareil photo camera *câmeureu*
brillant glossy *glossi*
couleur colour *coleur*
diapositive slide *slaïde*
exemplaire copy *coppi*
faire développer des photos to have photos developed *tou Hav fôtôz divèlopd*
mat matt *mâtt*
noir et blanc black and white *blak ènde waïte*
pellicule film *film*
pose exposure *expôwjeur*
prendre une photo/ des photos to take a photo/ photos *tou teïk e fôtô / fôtôz*

S'exprimer

est-ce que vous pourriez nous prendre une photo ?
could you take a photo of us?
coude you teïk e fôtô ov euss?

il suffit d'appuyer sur ce bouton
you just have to press this button
you djeust Hav tou prèss Ziss beutonn

je voudrais une pellicule couleur 200 ASA
I'd like a 200 ASA colour film
aïde laïke e tou-Heunndreud eïesseï coleur film

est-ce que vous avez des pellicules noir et blanc ?
do you have black and white films?
dou you Hav blak ènde waïte filmz?

ça coûte combien pour développer une pellicule de 36 poses?
how much does it cost to develop a 36-exposure film?
Hâo meutche daz ite coste tou divèlop e THeurti-sixe expôwjeur film?

je voudrais faire développer cette pellicule
I'd like to have this film developed
aïde laïke tou Hav Ziss film divèlopd

je voudrais faire des doubles de certaines photos
I'd like copies of some photos
aïde laïke coppiz ov somm fôtôz

3 exemplaires de la numéro 4 et un de la 7
three copies of number four and one of number seven
THri coppiz ov nommbeur fore ènde ouanne ov nommbeur sèveune

je viens chercher mes photos
I've come to collect my photos
aïve comm tou collect maï fôtôz

j'ai un problème avec mon appareil photo
I have a problem with my camera
aï Hav e probleum wiv maï câmeureu

je ne sais pas ce que c'est
I don't know what it is
aï donnte nô ouate ite iz

le flash ne marche pas
the flash isn't working
Ze flâch izeunte weurkinng

je n'ai pas pris beaucoup de photos
I haven't taken many photos
aï Haveunte teïkeun mèni fôtôz

Comprendre

maybe the battery's dead
c'est peut-être la pile qui est morte

if you're interested, you can get copies for half price
si ça vous intéresse, les doubles sont à moitié prix

what's the name?
c'est à quel nom ?

when would you like them for?
vous les voulez pour quand ?

your photos will be ready after midday onThursday
vos photos seront prêtes à partir de jeudi midi

LA BANQUE

ⓘ

Les banques britanniques sont ouvertes de 9h à 16h30 en semaine, ainsi que le samedi matin dans le cas des grandes banques. Avec votre carte de crédit internationale, vous pouvez retirer de l'argent des nombreux distributeurs (**cashpoints**) et payer dans la majorité des commerces, hôtels et restaurants. L'unité monétaire est le **pound** (symbole **£** indiqué AVANT le montant), lequel vaut cent **pence**, abrégé en **p** (**10p** se prononce *tène pi*). On trouve des pièces de 1p, 2p, 5p, 10p, 20p, 50p, £1 et £2, et des billets de £5, £10, £20 et £50.

Aux États-Unis, les banques ouvrent de 9h à 15h du lundi au vendredi. Les distributeurs sont appelés **ATMs**. Les chèques de voyage ainsi que la carte Visa® sont acceptés à peu près partout. Il est préférable de changer de l'argent avant votre départ. Le **dollar** (symbole **$** indiqué AVANT le montant) équivaut à 100 **cents** (abrégés en **¢**). On trouve des pièces de 1¢, 5¢, 10¢, 25¢, 50¢ et $1 (pièce récente et plus rare), et des billets de $1, $5, $10, $20, $50 et $100.

Quelques expressions familières

fiver *(Br)* cinq livres, *(Am)* cinq dollars
tenner *(Br)* dix livres, *(Am)* dix dollars

Pour commencer

banque bank *bènnk*
billet *(de banque)* (Br) (bank)note *(bènnk)nôtt*, (Am) bill *bil*
bureau de change bureau de change *biourô de change*
Carte Bleue® debit card *dèbite cârde*
carte de crédit credit card *crèdite cârde*
changer de l'argent to change money *tou tchènndje monné*
chèque cheque *tchèk*

code confidentiel	PIN (number) *pinn (nommbeur)*
commission	commission *commicheun*
compte (bancaire)	(bank) account *(bènnk) eucaounte*
distributeur (automatique)	*(Br)* cashpoint *câchepoïnnte*, cash machine *câche meuchinn*, *(Am)* ATM *eï-ti-ème*
guichet	counter *caounteur*
pièce (de monnaie)	coin *coïnn*
retirer de l'argent	to withdraw money *tou wivdrôw monnè*
retrait	withdrawal *wivdrôweul*
traveller's cheque	*(Br)* travellers cheque, *(Am)* travelers check *traveuleurz tchèk*
virement	transfer *trannsfeur*

S'exprimer

où est-ce qu'il y a un bureau de change ?
where can I change money?
ouère kèn aï tchènndje monnè?

les banques sont-elles ouvertes le samedi ?
are banks open on Saturdays?
âr bènnkss ôpeune onn sâteurdeïz?

je cherche un distributeur automatique
I'm looking for *(Br)* a cashpoint / *(Am)* an ATM
aïme loukinng fore e câchepoïnnte / ann eï-ti-ème

je voudrais changer 80 euros
I'd like to change eighty euros
aïde laïke tou tchènndje eïti iourôz

qu'est-ce que vous prenez comme commission ?
what commission do you charge?
ouate commicheun dou you tchârdje?

je voudrais faire un virement
I'd like to transfer some money
aïde laïke tou trannsfeur somm monnè

ça va prendre combien de temps ?
how long will it take?
Hâo longue wil ite teïk?

j'attends un mandat
I'm waiting for a money order
aïme weilltinng fore e monnè ôrdeur

je voudrais signaler la perte de mes cartes de crédit
I'd like to report the loss of my credit cards
aïde laïke tou riporte Ze losse ov maï crèdite cârdz

le distributeur de billets a avalé ma carte
the cash machine has swallowed my card
Ze câche meuchine Haz swalôwd maï cârde

Comprendre

please insert your card
insérez votre carte

please enter your PIN number
tapez votre code confidentiel

cash with receipt
retrait avec reçu

cash without receipt
retrait sans reçu

please remove your card
veuillez retirer votre carte

please take your cash
veuillez retirer votre argent

this machine is temporarily out of service
appareil (momentanément) hors service

LA POSTE

Les bureaux de poste en Grande-Bretagne sont ouverts de 9h à 17h30 en semaine et, souvent, également le samedi de 9h à 13h. Dans les endroits isolés, un petit commerce fait office de bureau de poste aux mêmes horaires qu'un bureau de poste traditionnel. On les repère à l'enseigne **Post Office** inscrite dans un ovale rouge.

Les bureaux de poste aux États-Unis ouvrent pour la plupart de 8h à 17h en semaine ainsi que le samedi matin de 9h à midi et sont signalés par la mention **US Mail**. Les timbres retirés dans les **automats** (distributeurs) sont plus chers que ceux achetés au bureau de poste.

Pour commencer

boîte aux lettres	*(Br)* postbox *pôstbox*, *(Am)* mailbox *meïlbox*
carte postale	postcard *pôstcarde*
code postal	*(Br)* postcode *pôstcôde*, *(Am)* zip code *zip côde*
colis	package *pâkèdj*, parcel *pârseule*
courrier	*(Br & Am)* mail *meïl*, *(Br)* post *pôst*
écrire	to write *tou raïte*
enveloppe	envelope *ènnveulop*
envoyer	to send *tou sènnd*
lettre	letter *lèteur*
par avion	airmail *èrmeïl*
poste	post office *pôst office*
recevoir	to receive *tou risiv*
timbre	stamp *stemmp*

S'exprimer

où est-ce que je peux trouver un bureau de poste ?
where can I find a post office?
ouère kèn aï faïnd e pôst office?

y a-t-il une boîte aux lettres par ici ?
is there a *(Br)* postbox / *(Am)* mailbox near here?
iz Zèr e pôstbox / meïlbox nire Hire?

je voudrais 5 timbres pour la France
I'd like five stamps for France
aïde laïke faïve stemmps fore franss

combien coûte un timbre pour la Suisse ?
how much is a stamp for Switzerland?
Hâo meutche iz e stemmp fore switdzeuleund?

y a-t-il un tarif lent ?
is there a second-class mail / *(Br)* post?
iz Zèr e sèkeunde-class meïl / pôst?

je voudrais envoyer ce colis à Lyon par avion
I'd like to send this package to Lyons by airmail
aïde laïke tou sènnd Ziss pâkèdj tou liyon baille èrmeïl

combien de temps ça met pour arriver ?
how long will it take to get there?
Hâo longue wil ite teïk tou guète Zèr?

y a-t-il du courrier pour moi ?
is there any mail / *(Br)* post for me?
iz Zèr èni meïl / pôst fore mi?

si je reçois du courrier, est-ce que vous pourriez me le faire suivre en France ?
if I get any mail, could you forward it to me in France?
if aï guète èni meïl, coude you fôrweurd-dite tou mi inn franss?

Comprendre

addressee	destinataire
first / last collection	première / dernière levée
sender	expéditeur

it takes between two and five days
ça met entre 2 et 5 jours

CAFÉS INTERNET, E-MAILS

www

Les cafés Internet se multiplient rapidement en Grande-Bretagne comme aux États-Unis. Aux États-Unis, l'accès en libre-service se répand également, notamment dans les gares routières.

Notez que le clavier "international" (QWERTY) est différent du français (AZERTY). L'arobase se dit **at** *(âte)*, le point **dot** *(dote)* et le trait de soulignement (_) **underscore** *(eunndeurscôre)*. On précise **all in one word** quand une partie de l'adresse s'écrit en un seul mot. Par exemple l'adresse ceciliagooding@aol.com se lira : "cecilia gooding (all in one word) at AOL dot com" *(sésiliagoudinng ôl inn ouane weurd âte eï ô èle dote comm)*.

Pour commencer

adresse e-mail e-mail address *imeïl edresse*
arobase at sign *ate saïnne*
café Internet Internet café *innteurnèt câfé*
clavier keyboard *kibôrde*
coller to paste *tou peïsst*
copier to copy *tou copi*
couper to cut *tou keut*
effacer to delete *tou dilite*
e-mail e-mail *imeïl*
envoyer un e-mail to send an e-mail *tou sènnd ann imeïl*
mot de passe password *pâssweurd*
recevoir to receive *tou risiv*
sauvegarder to save *tou seïve*
télécharger to download *tou daounlôde*
touche key *ki*

S'exprimer

y a-t-il un café Internet près d'ici ?
is there an Internet café near here?
iz Zèr ann innteurnèt câfé nire Hire?

je dois aller au café Internet pour vérifier mon mail
I need to go to the Internet café to check my mail
aï nide tou gô tou Zi innteurnèt câfé tou tchèk maï meïl

est-ce que vous avez une adresse e-mail ?
do you have an e-mail address?
dou you Hav ann imeïl edresse?

je voudrais m'ouvrir une adresse e-mail
I'd like to open an e-mail account
aïde laïke tou ôpeun ann imaïl eucaounte

je voudrais un ticket pour ...
I'd like a ticket for...
aïde laïke e tikèt fore ...

comment est-ce que je me connecte ?
how do I get online?
Hâo dou aï guète onnlaïne?

est-ce que vous pouvez m'aider, je ne sais pas comment ça marche
could you help me, I don't know how this works
coude you Hèlp mi, aï donnte nô Hâo Ziss weurks

je ne trouve pas la touche pour l'euro sur le clavier
I can't find the euro sign on the keyboard
aï kante faïnd Zi yourô saïne onn Ze kibôrde

il y a un problème, c'est bloqué
there's something wrong with it, it's frozen
Zèrz sommTHinng rongue wiv-ite, itss frôzeun

est-ce qu'on peut téléphoner par Internet ici ?
can I use the Internet to telephone here?
kèn aï youz Zi innteurnèt tou tèlefônn Hire?

Comprendre

Inbox Boîte de réception
Outbox Boîte d'envoi

you'll have to wait for around twenty minutes
il y a environ 20 minutes d'attente

I can put your name on the list
je peux vous inscrire sur la liste

TÉLÉPHONE

Les numéros de téléphone s'énoncent selon le cas par centaine, dizaine ou unité. Pour dire zéro, vous entendrez souvent dire O (comme la lettre de l'alphabet). Par exemple, 0207 233 0500 se lira "O two O seven two double three O five hundred" ou "zero two zero...".

Il y a une heure de moins en Grande-Bretagne et entre 6 et 9 heures de moins aux États-Unis suivant le fuseau horaire.

Les célèbres cabines de téléphone rouges britanniques disparaissent peu à peu au profit des cabines vitrées de **British Telecom** (**BT**). Ces cabines fonctionnent à pièces (**coins**) ou, de plus en plus, à cartes (**cards**), voire par carte bancaire (**credit card**) . Les cartes de téléphone sont vendues dans la plupart des bureaux de poste et chez les marchands de journaux (**newsagents**). Vous pourrez également vous procurer auprès d'un **newsagent** et d'un certain nombre de commerces de proximité des cartes pré-payées (**prepaid phonecards**) qui ont l'avantage de pouvoir s'utiliser depuis n'importe quel téléphone (cabine, téléphone privé, etc) en composant un code.

En Grande-Bretagne, la longueur des numéros de téléphone varie selon les régions. Ils comprennent généralement plus de 10 chiffres mais il n'est pas nécessaire de composer l'indicatif pour un appel local.

Pour appeler la France, composez le 00 33 suivi du numéro à 9 chiffres (c'est-à-dire sans le 0 initial). L'indicatif de la Belgique est le 00 32, et celui de la Suisse le 00 41.

Pour appeler la Grande-Bretagne depuis l'étranger, composez le 00 44 suivi du numéro à 10 chiffres (c'est-à-dire sans le 0 initial).

Les communications téléphoniques aux États-Unis sont beaucoup moins chères qu'en Europe. Les cabines téléphoniques sont nombreuses, surtout en ville, et de plus en plus acceptent les cartes de crédit. Les carte prépayées sont également très courantes. Autre secteur qui se développe rapidement, le téléphone via Internet...

Pour appeler la France depuis les États-Unis, composez le 011 puis l'indicatif de la France (33) puis le numéro à 9 chiffres (c'est-à-dire sans le 0 initial). L'indicatif de la Belgique est le 32 et celui de la Suisse le 41.

Pour appeler les États-Unis depuis l'étranger, composez le 00, attendez la tonalité, puis le 1, suivi de l'indicatif de la ville (3 chiffres) et du numéro de votre correspondant (7 chiffres).

Pour commencer

allô hello *Héllôw*
annuaire (tele)phone book *(tèleu)fôn bouk*
appel international/ national/ local international/ national/ local call *inntèrnacheneul/ nacheneul/ lôkeul côwl*
appeler quelqu'un to call someone *tou côwl sommouane*
cabine téléphonique phone booth *fôn bouTH*, *(Br)* phone box *fôn boxe*
carte de téléphone phonecard *fônncârde*
message message *mèsseudj*
message SMS text message *text mèsseudj*
numéro de téléphone phone number *fôn nommbeur*
Pages Jaunes® Yellow Pages® *yèlô peïdjeuz*
portable *(Br)* mobile *môbaïle*, *(Am)* cellphone *sèl fôn*
renseignements *(Br)* directory enquiries *dirèktori ènnkwayeuriz*, *(Am)* information *innformeïcheun*
répondeur answering machine *ansseurinng meuchinn*
téléphone (tele)phone *(tèleu)fôn*
téléphoner to (tele)phone *tou (tèleu)fôn*

Abréviations courantes

wk (= work) (numéro au) travail
hm (= home) (numéro du) domicile
mob. (= mobile) (numéro de) portable

S'exprimer

où est-ce que je peux acheter une carte de téléphone ?
where can I buy a phonecard?
ouère kèn aï baille e fônncârde?

une carte de téléphone de 5 livres, s'il vous plaît
a five-pound phonecard, please
e faïve paounde fônncârde, plize

est-ce que vous savez s'il y a une cabine téléphonique près d'ici ?
do you know if there's a phone booth / (Br) phone box near here?
dou you nôw if Zère 'z e fône bouTH / fôn boxe nir Hire?

pourriez-vous me faire la monnaie de ..., c'est pour téléphoner ?
could you give me change of... to make a phone call?
coude you giv mi tchènndj ov... tou meïke e fôn côwl?

je voudrais appeler en PCV
I'd like to make a (Br) reverse-charge call / (Am) collect call
aïde laïke tou meïke e riveurss-tchardje côwl / colèctt côwl

est-ce que vous pouvez répéter plus lentement ?
could you say that again more slowly?
coude you seille Zat egueïne môre slôwli?

est-ce que vous pouvez parler plus fort ?
could you speak up?
coude you spik-keup?

est-ce que vous parlez français ?
do you speak French?
dou you spik frèntch?

est-ce qu'il y a une prise pour que je recharge mon portable ?
is there a socket so that I can recharge my (Br) mobile / (Am) cellphone?
iz Zèr e sokkèt sô Zat aï kèn ritchârdj maï môbaïle / sèl fôn?

tu as un numéro de portable ?
do you have a (Br) mobile / (Am) cellphone number?
dou you Hav e môbaïle / sèl fôn nommbeur?

où est-ce que je peux vous joindre pendant la journée ?
where can I reach you during the day?
ouère kèn aï ritch you diourinng Ze deï?

tu as eu mon message ?
did you get my message?
did you guète maï mèsseudj?

Comprendre

the number you have dialled has not been recognized
le numéro que vous avez demandé n'est pas attribué

press the hash/ star key
appuyez sur la touche dièse/ étoile

FORMULES USUELLES

S'exprimer

allô, est-ce que je suis bien chez ... ?
hello, is this ...?
Héllôw, iz Ziss...?

c'est de la part de qui ?
who's calling?
Houze côwlinng?

allô, David ?
hello, David?
Héllôw, deïvide?

allô, c'est moi/ Pierre *(quand on appelle)*
hello, it's me/ Pierre
Héllôw, itss mi/ Pierre

allô, bonjour, je voudrais parler à M. ..., de la part de ...
hello, I'd like to speak to Mr..., this is...
Héllôw, aïde laïke tou spik tou missteur..., Ziss iz...

vous vous êtes trompé de numéro
you've got the wrong number
youv-gotte Ze rongue nommbeur

un instant, s'il vous plaît
one moment, please
ouane mômeunt, plize

ne quittez pas
hold on
Hôlde onn

il est sorti
he's gone out
Hiz gonne aoute

je vous le passe
I'll just hand you over to him
âl djeust Hènnd you ôveur tou Himm

pouvez-vous lui dire que j'ai appelé ?
could you tell him/ her I called?
coude you tèle Himm/ Heur aï côwld?

vous avez de quoi écrire ?
do you have a pen?
dou you Hav e pènn?

mon nom est ... et mon numéro le ...
my name is... and my number is...
maï neïme iz... ènde maï nommbeur iz...

est-ce que vous pouvez lui demander de me rappeler ?
could you ask him / her to call me back?
coude you ask Himm / Heur tou côwl mi bâk ?

est-ce que vous savez quand je peux le joindre ?
do you know when I'll be able to reach him?
dou you nô ouène âl bi eïbeul tou ritch Himm?

je vous remercie, au revoir
thank you, goodbye
THènkiou, goudbaï

je rappellerai (plus tard)
I'll call back (later)
âl côwl bâk (leïteur)

on s'appelle bientôt ?
we'll talk soon, OK?
wil tôwk soune, ôkeï?

il peut me joindre au ...
he can reach me at...
Hi kèn ritch mi ate...

on se rappelle, ok ?
we'll talk again, OK?
wil tôwk eugueïne, ôkeï?

Comprendre

one moment, I'll hand you over to him
un instant, je vous le passe

speaking / Pierre speaking
c'est moi / c'est Pierre *(quand on répond au téléphone)*

he's not in, would you like to leave a message?
il n'est pas là, est-ce que vous voulez laisser un message ?

I'll tell him you called
je lui dirai que vous avez appelé

please leave a message after the tone
veuillez laisser un message après le bip

PROBLÈMES

S'exprimer

je ne connais pas l'indicatif
I don't know the *(Br)* dialling code / *(Am)* dial code
aï donnte nô Ze daïllinng côwd / daïle côwd

ça ne répond pas
there's no answer
Zèrz nô annsseur

ça sonne occupé
(Br) it's engaged, *(Am)* the line's busy
itss eungueïdj, Ze laïne ız bizi

je n'ai pas réussi à le joindre
I couldn't reach him
aï coudeunt ritch Himm

il ne me reste plus beaucoup d'unités sur ma carte
I don't have many units left on my card
aï donnte Hav mèni iounitss lèft onn maï cârde

attends, ça va couper, il faut que je rajoute de la monnaie
hold on, we're going to be cut off, I need to put some more change in
Hôlde onn, wir goïne tou bi keutt off, aï nide tou poute somm môr tchèndj inn

il n'y a pas de réception ici
I can't get a signal here
aï kante guète e sig-neul Hire

il y a une très mauvaise réception
the signal's very bad
Ze sig-neulz vèri bade

vous savez où je peux trouver une recharge pour mon téléphone portable ?
do you know where I can get a top-up card for my *(Br)* mobile/ *(Am)* cellphone?
dou you nô ouère aï kèn guète e top-peupe cârde fore maï môbaïle/ sèl fôn?

est-ce que je peux brancher mon portable ici pour le recharger ?
can I plug my *(Br)* mobile/ *(Am)* cellphone in here to recharge it?
kèn aï pleugue maï môbaïle / sèl fôn inn Hire tou ritchârdj ite?

Comprendre

I can barely hear you
je vous entends très mal

we got cut off
on a été coupés

you must have the wrong number
vous avez dû vous tromper de numéro

SANTÉ

En Grande-Bretagne, les soins délivrés par le **NHS** (service public de santé britannique) sont gratuits pour les ressortissants de l'Union européenne. Pour obtenir une consultation avec un généraliste (couramment appelé **GP** – prononcez *dji-pi*), l'attente est souvent longue dans les centres médicaux (**medical centre** ou **surgery**). Pour une urgence, allez directement au service des urgences des hôpitaux (**casualty department** ou **accident and emergency department**) ou composez le 999.

Avant de partir aux États-Unis, il vous faut impérativement souscrire à une assurance voyage intégrale. Les frais médicaux sont très chers, et encore plus pour les ressortissants étrangers. Les numéros des médecins (**physicians**) et des services hospitaliers (**clinics**) sont répertoriés dans les Pages jaunes. En cas d'urgence, composez le 911.

Pour commencer

alcool à 90°	*(Br)* surgical spirit *seurdjikeul spirite*, *(Am)* rubbing alcohol *reubinng alcôHole*
allergie	allergy *âleurdji*
ambulance	ambulance *ammbiouleunss*
aspirine	aspirin *asprine*
avoir ses règles	to have one's period *tou Hav ouannz piryeud*
bouton	spot *spott*
cassé	broken *brôkeun*
comprimé	tablet *tâblett*
dentiste	dentist *dènntiste*
désinfecter	to disinfect *tou dissinnfèkt*
fièvre	fever *fiveur*
généraliste	*(Br)* GP *dji-pi*, *(Am)* family practitioner *fâmili practicheneur*
gynécologue	gynaecologist *guaïnikaleudjiste*

hôpital hospital *Hospiteul*
intoxication alimentaire food poisoning *foude poïseninng*
médecin doctor *docteur*
médicament medicine *médecine*
pansement *(Br)* Elastoplast® *ilastoplast*, *(Am)* Band-Aid® *bannd-deïdd*
pharmacie *(Br)* chemist *kèmiste*, *(Am)* drugstore *dreugstor*
pommade ointment *oïtmeunt*
radio *(rayons)* X-ray *èks-reï*
sang blood *blode*
urgences *(Br)* accident and emergency *aksideunt ènde émèrdjeunnsi*, *(Am)* emergency room *émèrdjeunnsi roume*
vaccin vaccination *vâksineïcheun*
vomir to vomit *tou vommite*

S'exprimer

est-ce que quelqu'un aurait une aspirine par hasard ?
would anyone have an aspirin, by any chance?
woude èni-ouane Hav ann asprine baï èni tchannss?

j'ai besoin d'aller voir un docteur
I need to see a doctor
aï nide tou si e docteur

où est-ce que je peux trouver un médecin un dimanche ?
where can I find a doctor on a Sunday?
ouère kèn aï faïnde e docteur onn e seundeï?

je voudrais prendre un rendez-vous pour aujourd'hui
I'd like to make an appointment for today
aïde laïke tou meïke ann eupoïtmeunt fore toudeï

le plus tôt possible
as soon as possible
az soun az possibeul

non, ce n'est pas grave
no, it's not serious
nô, itss note siryeuss

pouvez-vous faire venir une ambulance au ... ?
could you send an ambulance to...?
coude you sènnd ann ammbiouleunss tou ...?

je voudrais une solution de rinçage pour lentilles souples
I'd like some rinsing solution for soft lenses
aïde laïke somm rinnsinng soloucheun for soft lènnzeuz

j'ai cassé mes lunettes
I've broken my glasses
aïve brokeun maï glâssiz

Comprendre

(Br) **accident and emergency,** *(Am)* **emergency room**	urgences
(Br) **doctor's surgery,** *(Am)* **doctor's office**	cabinet médical
prescription	ordonnance

there are no available appointments until Thursday
il n'y a rien de libre avant jeudi

does Friday at two o'clock suit you?
vendredi à 14h, ça vous convient ?

CHEZ LE MÉDECIN

S'exprimer

j'ai rendez-vous avec le Docteur ...
I have an appointment with Doctor ...
aï Hav ann eupoïtmeunt wiv docteur ...

je ne me sens pas bien
I don't feel well
aï donnte fil ouèle

je me sens très faible
I feel very weak
aï fil vèri wik

je ne sais pas ce que c'est
I don't know what's the matter with me
aï donnte nô ouatss Ze mâteur wiv mi

j'ai été piqué par ...
I've been stung by ...
aïv binn steung baille ...

j'ai été mordu par ...
I've been bitten by ...
aïv binn bitteune baille ...

j'ai mal à la tête
I have a headache
aï Hav e Hèddeïk

j'ai mal au cœur
I feel sick
aï fil sik

j'ai mal au dos/ aux dents
I have backache/ toothache
aï Hav bâk-eïke/ touTH-eïke

j'ai mal au ventre/ à la gorge
I have a sore stomach/ throat
aï Hav e sore stommeuk/ THrôtt

j'ai mal ici
it hurts here
ite Heurtss Hire

ça fait mal
it hurts
ite Heurtss

ça s'est aggravé
it's got worse
itss gote weurss

ça fait 3 jours
it's been three days
its binn THri deïz

ça a commencé la nuit dernière
it started last night
ite stârteudd lâste naïte

c'est la première fois que ça m'arrive
this is the first time it's happened
Ziss iz Ze feurst taïme itss Happeunde

j'ai de la fièvre
I have a fever
aï Hav e fiveur

ça me démange
it's itchy
itss itchi

je suis cardiaque
I have a heart condition
aï Hav e Heurte conndicheun

j'ai de l'asthme
I have asthma
aï Hav âsma

je suis sous antibiotiques depuis une semaine et ça ne va pas mieux
I've been on antibiotics for a week and I'm not any better
aïv binn onn anntibaïyotikss fore e wik ènde aïme note èni bètteur

je prends la pilule/ la minipilule
I'm on the pill / the minipill
aïme onn Ze pil / Ze minipil

j'ai besoin de la pilule du lendemain
I need the morning-after pill
aï nide Ze morninng-âfteur pil

je suis enceinte de ... mois
I'm ... months pregnant
aïme ... monnTHs prèggneunt

je me suis tordu la cheville
I've sprained my ankle
aïve spreïnnd maï ènnkeul

je suis tombé sur le dos
I've fallen and hurt my back
aïve fôleune ènde Heurte maï bâk

j'ai eu une syncope
I've had a blackout
aïve Had e blâk-kaoute

j'ai perdu un plombage
I've lost a filling
aïve loste e filinng

SANTÉ

c'est grave ?
is it serious?
iz ite siryeuss?

comment va-t-il ?
how is he?
Hâo iz-i?

c'est contagieux ?
is it contagious?
iz ite connteïdjeuss?

combien je vous dois ?
how much do I owe you?
Hâo meutche dou aï ôw you?

Comprendre

could you take a seat in the waiting room
si vous voulez bien patienter dans la salle d'attente …

where does it hurt?
où est-ce que ça vous fait mal ?

take a deep breath
respirez bien fort

lie down, please
allongez-vous, s'il vous plaît

does it hurt if I press here?
ça vous fait mal quand j'appuie là ?

have you been vaccinated against...?
êtes-vous vacciné contre … ?

are you allergic to...?
êtes-vous allergique à … ?

are you taking any other medication?
avez-vous des traitements en cours ?

take a capsule if you're in pain
prenez une gélule en cas de douleur

it should disappear in a few days
ça devrait passer en quelques jours

it should heal quickly
ça devrait cicatriser rapidement

you're going to need an operation
il va falloir opérer

come back and see me in a week
revenez me voir dans une semaine

À LA PHARMACIE

En Grande-Bretagne comme en France, seules les pharmacies (**chemists**) sont habilitées à vendre des médicaments délivrés sur ordonnance. En revanche, les autres médicaments (**aspirins, painkillers**, etc) sont en vente libre dans les supermarchés et les chaînes comme **Boots** et **Superdrug**.

Aux États-Unis, les médicaments délivrés sur ordonnance sont disponibles auprès du rayon **Pharmacy** des **drugstores**. Les autres médicaments sont également disponibles en grande surface.

S'exprimer

j'ai attrapé un rhume
I've caught a cold
aïve côwtt e côlde

je suis allergique à l'aspirine
I'm allergic to aspirin
aïme euleurdjik tou asprine

j'aurais besoin de quelque chose contre la toux
I need something for a cough
aï nide sommTHinng fore e cofe

je voudrais prendre de l'homéopathie
I'd like to take a homeopathic remedy
aïde laïke tou teïk e Hômi-ôpaTHik rèmeudi

Comprendre

apply	appliquer
available on prescription only	uniquement sur ordonnance
contra-indications	contre-indications
cough syrup	sirop contre la toux
ointment	pommade
painkiller	analgésique, calmant

to be taken three times a day before meals
à prendre 3 fois par jour avant les repas

do you want powder or tablets?
vous le/ la voulez en poudre ou en cachet ?

PROBLÈMES ET URGENCES

Les agents de police britanniques (**policemen** ou **police officers**), reconnaissables à Londres à leur fameux casque bombé, sont seulement armés d'une matraque, contrairement à leurs homologues nord-américains. En Grande-Bretagne, il y a deux types d'agents de la circulation : les **traffic wardens**, chargés uniquement de donner des contraventions, et les **traffic policemen** aux fonctions plus étendues. Seuls ces derniers font partie du corps de la police.

Pour les Objets trouvés, demandez le **Lost Property Office** en Grande-Bretagne ou le **Lost and Found** aux États-Unis.

En cas d'urgence, composez le 999 en Grande-Bretagne ou le 911 aux États-Unis.

PROBLÈMES

Pour commencer

accident — accident *aksideunt*
ambulance — ambulance *ammbiouleunss*
blessé *(adj)* — injured *inndjeurd*
cassé — broken *brôkeun*
handicapé *(adj)* — disabled *disseïbeuld*
incendie — fire *fâyeur*
malade *(adj)* — ill *il*
médecin — doctor *docteur*
police — police *poliss*
pompiers — *(Br)* fire brigade *fâyeur brigueïde*, *(Am)* fire department *fâyeur dipârtmeunte*
urgence — emergency *imeurdjeunssi*

S'exprimer

est-ce que vous pourriez m'aider ?
could you help me?
coude you Hèlp mi?

au secours !
help!
Hèlp!

attention !
watch out!
watche âoute!

c'est urgent !
it's an emergency!
itss ann imeurdjeunssi!

est-ce qu'il y a quelqu'un ici qui parle français ?
is there anyone here who speaks French?
iz Zèr èni-ouane hire Hou spikss frèntch?

je dois contacter le consulat
I need to get in touch with the consulate
aï nide tou guète inn teutch wiv Ze connsyouleïte

où est le commissariat le plus proche ?
where is the nearest police station?
ouère iz Ze nireusst polliss steïcheun?

que dois-je faire ?
what am I supposed to do?
ouate ame aï seupôzde tou dou?

on m'a volé mes papiers
my identity papers have been stolen
maï aïdènntiti peïpeurz Hav binn stôwleun

j'ai perdu ...
I've lost...
aïve losst...

j'ai été agressé
I've been attacked
aïve binn eutakt

mon enfant a disparu
my child has gone missing
maï tchaïlde Haz gonne missinng

ma voiture a été emmenée à la fourrière
my car has been impounded
maï câr Haz binn immpaonndeud

il y a un homme qui me suit depuis un moment
a man has been following me for some time
e mann Haz binn folowinng mi fore somm taïme

PROBLÈMES

on a forcé la porte de ma voiture
someone has forced open my car door
sommouane Haz forsst ôpeun maï câr dôr

y a-t-il un accès pour handicapés ?
is there disabled access?
iz Zèr disseïbeuld aksess?

pouvez-vous surveiller mes affaires un instant ?
could you look after my things for a minute?
coude you louk âfteur maï THinngz fore e mineutt?

il est en train de se noyer, il faut appeler de l'aide
he's drowning, somebody call for help
Hiz draouninng, sommboddi côl fore Hèlp

il est là-bas
he's over there
Hiz ôveur Zèr

PROBLÈMES

Comprendre

beware of the dog	chien méchant
breakdown service	service de dépannage
emergency exit	sortie de secours
(Br) **lost property,** *(Am)* **lost and found**	bureau des objets trouvés
mountain rescue	secours de montagne

POLICE ET DOUANE

S'exprimer

je dois faire une déclaration de vol
I'd like to report something stolen
aïde laïke tou riporte sommTHinng stôleun

j'ai besoin d'un certificat de police pour ma compagnie d'assurance
I need a document from the police for my insurance company
aï nide e dokioumeunt fromm Ze poliss fore maï inncheureunss commpeni

Comprendre

Remplir un formulaire

surname	nom
first name	prénom
address	adresse
post code *(Br)*, **zip code** *(Am)*	code postal
country	pays
nationality	nationalité
date of birth	date de naissance
place of birth	lieu de naissance
age	âge
sex	sexe
duration of stay	durée du séjour
date of arrival/departure	date d'arrivée/de départ
profession	profession
passport number	numéro de passeport

there is customs duty to pay on this item
il y a des droits de douane à payer sur cet article

can you open this bag, please?
pouvez-vous ouvrir ce sac, s'il vous plaît ?

what has been stolen?
qu'est-ce qu'il vous manque ?

when did this happen?
quand cela s'est-il passé ?

where are you staying?
où logez-vous ?

can you describe him?
pouvez-vous le décrire ?

could you fill in this form, please?
pouvez-vous remplir ce formulaire, s'il vous plaît ?

can you sign here, please?
pouvez-vous signer ici, s'il vous plaît ?

Quelques expressions familières

cop flic
(Br) **to get nicked**, *(Am)* **to get busted** se faire serrer
to get something pinched se faire piquer quelque chose

LA DATE, L'HEURE, LE TEMPS

Pour commencer

à l'heure du déjeuner at lunchtime *ate leuntch taïme*
année year *yeur*
après after *âfteur*
après-midi afternoon *âfteunoun*
avant before *bifore*
bientôt soon *soun*
dans la soirée in the evening *inn Zi ivninng*
de ... à ... from... to... *fromm ... tou ...*
déjà already *ôlrèdi*
depuis since *sinnss*
dernier last *lâste*
de temps en temps from time to time *fromm taïme tou taïme*
en avance early *eurli*
en ce moment at the moment *ate Ze mômeunt*
encore *(toujours)* still *stil*
en début/ milieu/ fin de at the beginning/ middle/ end of *ate Ze bigininng/ mideul/ ènde ov*
en retard late *leïte*
entre ... et ... between... and... *beutwinn ... ènde ...*
jour day *deï*
jusqu'à until *euntil*
longtemps for a long time *fore e longue taïme*
maintenant now *nâo*
matin morning *môwrninng*
midi midday *mid-deï*, noon *noun*
ne ... jamais never *nèveur*
nuit night *naïte*
pas encore not yet *note yèt*
pendant during *dyourinng*
prochain next *nèxt*

rarement — rarely *rèrli*
récemment — recently *risseuntli*
semaine — week *wik*
soir — evening *ivninng*
souvent — often *offeun*
tard — late *leïte*
tôt — early *eurli*
toujours *(tout le temps)* — always *ôlweillz*
toujours *(encore)* — still *stil*
tout de suite — right away *raïte eweille*
week-end — weekend *wikènnd*

S'exprimer

à bientôt !
see you soon!
si you soun!

à plus tard !
see you later!
si you leïteur!

désolé, je suis en retard
sorry I'm late
sori, aïme leïte

je n'ai pas encore été là-bas
I've not been there yet
aïve note binn Zèr yèt

j'ai tout mon temps
I have plenty of time
aï Hav plènnti ov taïme

dépêchez-vous !
hurry up!
Heuri eup!

je me suis couché tard
I went to bed late
aï wènnte tou bèd leïte

j'ai attendu longtemps
I waited for a long time
aï weïteud fore e longue taïme

à lundi !
see you on Monday!
si you onn monndeï!

à tout à l'heure !
see you later!
si you leïteur!

on est arrivé trop tard
we arrived too late
wi euraïvd tou leïte

je n'ai pas eu le temps de ...
I haven't had time to...
aï Haveunt Hadd taïme tou...

je suis pressé
I'm in a hurry
aïme inn e Heuri

un instant, s'il vous plaît
one moment, please
ouane mômeunt plize

je me suis levé très tôt
I got up very early
aï gote eup vèri eurli

je dois me réveiller très tôt demain pour prendre l'avion
I have to get up very early tomorrow to catch the plane
aï Hav tou guète eup vèri eurli toumôrô tou catch Ze pleïne

l'après-midi, je fais une sieste
I have a nap in the afternoon
aï Hav e napp inn Zi âftenoun

il ne nous reste plus que 4 jours
we only have four days left
wi onnli Hav fore deïz lèfte

LA DATE

Comment écrire et dire la date

En anglais britannique, mardi 5 août 2004 s'écrit **Tuesday 5th August 2004**, ou, de plus en plus souvent, simplement **Tuesday 5 August 2004**, et, en abrégé, **5.08.04**. Ce qui, à l'oral, se dit : "Tuesday the fifth of August two thousand and four".

En anglais américain, le mois est indiqué avant le jour. On écrit ainsi **Tuesday August 5 2004**, et en abrégé, **8/5/04**, et on lit "Tuesday August fifth two thousand and four".

À l'oral, vous entendrez dire par exemple **nineteen thirty** pour parler de l'année 1930, un peu de la même manière qu'en français on dit "dix-neuf cent trente".

204 av. J.-C. s'écrit en anglais **204 BC** *(... bi-si)* et 204 ap. J.-C. s'écrit **204 AD** *(... eï-di)*.

après-demain — the day after tomorrow *Ze deï âfteur toumôrô*

au début/ milieu / à la fin de — at the beginning / middle / end of *ate Ze bigininng / mideul / ènde ov*

aujourd'hui — today *toudeï*

avant-hier — the day before yesterday *Ze deï bifore yèsstedeï*

dans deux jours — in two days *inn tou deïz*

demain — tomorrow *toumôrô*

demain matin/ après-midi/ soir — tomorrow morning / afternoon / evening *toumôrô môwrninng / âftenoun / ivninng*

hier	yesterday *yèsstedeï*
hier matin/ après-midi/ soir	yesterday morning/ afternoon/ evening *yèsstedeï môwrninng/ âftenoun/ ivninng*
il y a ...	... ago ... *eugô*

S'exprimer

je suis né en ...
I was born in...
aï waz borne inn...

je suis déjà venu il y a plusieurs années
I've been before, several years ago
aïve binn bifore, sèvreul yeurz eugô

j'ai passé un mois en Angleterre il y a quelques années
I spent a month in England a few years ago
aï spènnt e monnTH inn inngleunde eu fiou yeurz eugo

je suis venu l'année dernière à la même époque
I came last year at the same time
aï keïmm lâst yeur ate Ze seïmm taïme

on est le combien aujourd'hui ?
what's today's date?
ouatss toudeïz deïte?

on est quel jour aujourd'hui ?
what day is it today?
ouate deï iz ite toudeï?

on est mardi 1er mai
(Br) it's Tuesday, the first of May, *(Am)* it's Tuesday, May first
itss tyouzdeï, Ze feurst ov meille / itss tyouzdeï, meille feurst

je reste jusqu'à dimanche
I'm staying until Sunday
aïme stèyinng euntile seundeï

on s'en va demain
we're leaving tomorrow
wir livinng toumôrô

j'ai déjà quelque chose de prévu mardi
I already have plans for Tuesday
aï ôlrèdi Hav plannz fore tyouzdeï

LA DATE

Comprendre

every day tous les jours
every Monday tous les lundis
once une fois
open on Sunday mornings ouvert le dimanche matin
three times a day/ an hour trois fois par jour/ heure
twice deux fois

it was built in the middle of the nineteenth century
ça a été construit au milieu du dix-neuvième siècle

it comes out once every two weeks
ça sort une fois toutes les deux semaines

there are lots of festivals during the summer
il y a beaucoup de festivals pendant l'été

when are you setting off?
quand est-ce que vous repartez ?

how long are you staying?
vous restez jusqu'à quand ?

L'HEURE

Comment dire l'heure

À l'écrit, 14h15 se note 2.15pm ou 14.15 en Grande-Bretagne, 2:15 aux États-Unis, ou encore a quarter past two.

À l'oral, on dit two fifteen *(tou fiftine)*, two fifteen pm *(tou fiftine pi-ème)* ou a quarter past two *(e kwâteur passt tou)*.

En effet, pour l'heure, on n'utilise que les nombres de 1 à 12 (on ne dira jamais "fourteen fifteen"). Pour préciser s'il s'agit de deux heures et quart du matin ou de l'après-midi, on ajoute respectivement am et pm ou in the morning et in the afternoon.

Pour les heures justes, on utilise o'clock : 14 heures s'écrit two o'clock ou 2 o'clock *(tou e-cloque)*.

En Grande-Bretagne, seuls les horaires de transports sont parfois annoncés différemment. Pour un train qui part à 14 heures, vous entendrez peut-être dire "fourteen hundred" (14.00 est ici lu comme quatorze cents).

Pour commencer

à l'heure on time *onn taïme*
de l'après-midi in the afternoon *inn Zi âfteunoun*
du matin in the morning *inn Ze môwrninng*
du soir in the evening *inn Zi ivninng*
être en avance to be early *tou bi eurli*
être en retard to be late *tou bi leïte*
midi midday *mid-deï*, noon *noun*
minuit midnight *midnaïte*
trois quarts d'heure three quarters of an hour *THri kwôteurz ov ann âweur*
une demi-heure half an hour *Half ann âweur*
un quart d'heure a quarter of an hour *e kwôteur ov ann âweur*
vingt minutes twenty minutes *twènti mineutss*

S'exprimer

quelle heure est-il ?
what time is it?
ouate taïme iz ite?

excusez-moi, est-ce que vous auriez l'heure, s'il vous plaît ?
excuse me, do you have the time, please?
ekskiouz mi, dou you Hav Ze taïme plize?

il est ...
it's...
itss...

presque treize heures
almost one o'clock
ôlmôst ouane e-cloque

une heure et quart
a quarter past one
e kwôteur passt ouane

midi vingt
twenty past twelve
twènti passt twouèlve

une heure et demie
half past one
Half passt ouane

trois heures pile
three o'clock on the dot
THri e-cloque onn Ze dote

une heure dix
ten past one
tèn passt ouane

une heure moins le quart
a quarter to one
e kwôteur tou ouane

midi moins vingt
twenty to twelve
twènti tou twouèlve

je suis arrivé vers deux heures
I arrived around two o'clock
aï euraïvd euraounde tou e-cloque

je me suis couché vers deux heures
I went to bed around two o'clock
aï wènnte tou bèd euraounde tou e-cloque

j'ai mis le réveil à neuf heures
I set the alarm for nine o'clock
aï sètt Zi elarm fore naïne e-cloque

j'ai attendu vingt minutes
I waited for twenty minutes
aï weïteud fore twènti mineutss

le train a eu quinze minutes de retard
the train was fifteen minutes late
Ze treïne waz fiftine mineutss leïte

je suis rentré il y a une heure
I got back an hour ago
aï gote bak ann âweur eugô

on se retrouve dans une demi-heure ?
shall we meet in half an hour?
chèl wi mite inn Half ann âweur?

je serai de retour d'ici un quart d'heure
I'll be back in a quarter of an hour
âl bi bak inn e kwôteur ov ann âweur

il y a trois heures de décalage entre ... et ...
there's a three-hour time difference between … and …
Zèrz e THri-âweur taïme diffreunss beutwinn … ènde …

Comprendre

open from 10 am to 4 pm
ouvert de 10h à 16h sans interruption

it's on every evening at seven o'clock
ça joue tous les jours à 19h

it lasts for around an hour and a half
ça dure environ une heure et demie

it opens at ten o'clock
ça ouvre à partir de 10h

it reopens at two o'clock
ça rouvre à 2h

LES NOMBRES

En anglais, on utilise une virgule là où on utilise un point en français et vice-versa : 100,5 (cent virgule cinq) s'écrit 100.5 (one hundred point five) en anglais. 200 000 ou 200.000 (deux cent mille) s'écrit 200,000 (two hundred thousand) en anglais.

0	zero, o *zirô, ô*
1	one *ouane*
2	two *tou*
3	three *THri*
4	four *fore*
5	five *faïve*
6	six *sixe*
7	seven *sèveune*
8	eight *eïte*
9	nine *naïne*
10	ten *tèn*
11	eleven *élèveune*
12	twelve *twouèlve*
13	thirteen *THeurtine*
14	fourteen *fortine*
15	fifteen *fiftine*
16	sixteen *sixtine*
17	seventeen *sèveuntine*
18	eighteen *eïtine*
19	nineteen *naïntine*
20	twenty *twènti*
21	twenty-one *twènti-ouane*
22	twenty-two *twènti-tou*
30	thirty *THeurti*
35	thirty-five *THeurti-faïve*
40	forty *forti*
50	fifty *fifti*
60	sixty *sixti*
70	seventy *sèveunnti*
80	eighty *eïti*
90	ninety *naïnnti*
100	one hundred *ouane Heunndreud*
101	one hundred and one *ouane Heunndreud ènde ouane*
200	two hundred *tou Heunndreud*
500	five hundred *faïve Heundreud*
1,000	one thousand *ouane THaouzeunde*
2,000	two thousand *tou Thaouzeunde*
10,000	ten thousand *tène THaouzeunde*
1,000,000	one million *ouane milieune*

premier	first *feurst*
deuxième	second *sèkeunde*
troisième	third *THeurde*
quatrième	fourth *forTH*
cinquième	fifth *fiTH*
sixième	sixth *sixTH*
septième	seventh *sèveunTH*
huitième	eighth *eïtTH*
neuvième	ninth *naïnnTH*
dixième	tenth *tènTH*
vingtième	twentieth *twènti-euTH*
vingt et unième	twenty-first *twènti-feurst*
trentième	thirtieth *THeurti-euTH*
quarantième	fourtieth *forti-euTH*
cinquantième	fiftieth *fifti-euTH*
soixantième	sixtieth *sixti-euTH*
soixante-dixième	seventieth *sèveunti-euTH*
quatre-vingtième	eightieth *eïti-euTH*
quatre-vingt-dixième	ninetieth *naïnti-euTH*

20 plus 3 égale 23
twenty plus three equals twenty-three
twènti pleuss THri ikwôlz twènti-THri

20 moins 3 égale 17
twenty minus three equals seventeen
twènti maïneuss THri ikwôlz sèveuntine

20 multiplié par 4 égale 80
twenty multiplied by four equals eighty
twènti meultiplaïde baille fore ikwolz eïti

20 divisé par 4 égale 5
twenty divided by four equals five
twènti divaïdeud baille fore ikwolz faïve

DICTIONNAIRE

FRANÇAIS / ANGLAIS

A

à: aller à Paris to go to Paris; **être à Paris** to be in Paris; **aller à la gare** to go to the station; **à 2 km** 2 km away; **je vais à Paris/ à la gare** I'm going to Paris/to the station; **à 3 heures** at 3 o'clock
abbaye abbey
abeille bee
abîmé damaged
abord: d'abord first (of all)
abordable *(prix, marchandises)* affordable
accepter to accept
accès access **108**
accident accident **30**
accompagner *(aller avec)* to go with; *(venir avec)* to come with; *(en voiture)* to take
accord: d'accord OK; **je suis d'accord** I agree
accueil reception
accueillant welcoming
accusé de réception acknowledgement of receipt
acheter to buy **78**
adaptateur adaptor
addition *(Br)* bill, *(Am)* check **49**
adolescent teenager
adorer to love **18**
adresse address
adresse e-mail e-mail address **93**
adulte adult
aéroport airport **31**
affaires *(commerce)* business; *(personnelles)* things
affiche poster
âge age **15**; **quel âge as-tu ?** how old are you?
agence de voyages travel agency
aggraver (s') to get worse **103**
agréable nice
agresser to attack **107**
aide help
aider to help
ailleurs somewhere else; **d'ailleurs** *(au fait)* by the way
aimer *(apprécier)* to like **19, 65**; *(d'amour)* to love; **j'aimerais** I'd like **64**
air air; **en plein air** outside **65**; **avoir l'air ...** to look...
alcool alcohol
alcool à 90° *(Br)* surgical spirit, *(Am)* rubbing alcohol
algues seaweed
Allemagne Germany
Allemand German
allemand German
aller *(n)* outward journey; **un aller (simple)** *(Br)* a single (ticket), *(Am)* a one-way (ticket) **22**
aller *(v)* to go **9, 12**; **comment allez-vous ?** how are you?; **je vais bien** I'm very well; **ça va ?** how are you?; **ça va** I'm fine; **ça vous va ?** does that suit you?; **ça vous va bien** it really suits you **84**

aller (s'en) to go (away)
allergique allergic **104**
aller-retour *(Br)* return (ticket), *(Am)* round-trip (ticket)
allô hello **97**
allumer *(feu, cigarette)* to light; *(lumière)* to switch on
allumette match
alors *(donc)* so; *(à ce moment-là)* then
ambassade embassy
ambiance atmosphere **20**
ambulance ambulance **101**
amende fine
amener to bring
Américain American
américain American
ami(e) friend **16**, **17**; **petit ami** boyfriend; **petite amie** girlfriend
amour love
ampoule *(électrique)* (light) bulb; *(sur la peau)* blister
amusant funny
amuser (s') to enjoy oneself **19**
an year **15** ; **j'ai 22 ans** I'm 22 (years old)
analgésique painkiller
ancien *(vieux)* old **68**; *(qui n'est plus)* former
anesthésie *(Br)* anaesthetic, *(Am)* anesthetic
angine sore throat
Anglais English person
anglais English
Angleterre England
animal animal
animé *(lieu)* busy **19**
année year; **bonne année !** Happy New Year!
anniversaire *(de naissance)* birthday; *(d'événement)* anniversary; **bon anniversaire!** happy birthday!; **anniversaire de mariage** wedding anniversary
annuaire directory; **annuaire (téléphonique)** telephone directory
annuler to cancel **24**
antibiotique antibiotic **103**
antiquités antiques
août August
apéritif aperitif; **prendre l'apéritif** to have a drink before lunch/dinner
appareil: qui est à l'appareil ? who's calling?
appareil photo camera **86**
appartement *(Br)* flat, *(Am)* apartment
appel *(téléphonique)* call **95**
appeler to call **97**, **98**; **s'appeler** to be called; **je m'appelle ...** my name is...
appendicite appendicitis
appétit: bon appétit ! enjoy your meal!
apporter to bring **46**, **66**
apprendre to learn **11**; *(nouvelle)* to hear
après after
après-demain the day after tomorrow
après-midi afternoon **112**
appuyer to press; **appuyer sur quelque chose** to press something **85**
araignée spider
argent *(monnaie)* money **79**, **87**, **88**
arnaque rip-off
arrêt stop **27**; **sans arrêt** continuously
arrêt de bus bus stop **27**
arrêter to stop; **s'arrêter** to stop
arrivée arrival
arriver *(quelque part)* to arrive **16**, **25**; *(se passer)* to happen; **arriver à** *(réussir à)* to manage to; *(atteindre)* to reach
art art
article *(achat)* item
artisanal *(objet)* traditionally made
artiste artist
ascenseur *(Br)* lift, *(Am)* elevator
aspirine aspirin

asseoir (s') to sit down **10**
assez *(suffisamment)* enough **44**;*(plutôt)* quite **13**; **assez de** enough **79**
assiette plate
assurance insurance **108**
assurance tous risques comprehensive insurance **30**
asthme asthma **103**
attendre to wait **45**, **88**, **111**; **attendre quelqu'un/quelque chose** to wait for someone/something
attention: faire attention to be careful; **attention !** watch out!
attrape-touristes tourist trap
auberge de jeunesse youth hostel
aucun(e) *(adj)* no, not any; **aucune idée** no idea
aucun *(pronom)* none
aujourd'hui today **101**, **113**
aussi too, also **69**; **moi aussi** me too; **aussi bien que** as well as
auteur author
autobus bus
automne *(Br)* autumn, *(Am)* fall
autoroute *(Br)* motorway, *(Am)* freeway
autre other; **un(e) autre** another **34**, **36**, **49**; **d'autres** others; **autre chose** something else
avance: à l'avance in advance **64**, **65**; **en avance** early
avant before; **avant de faire** before doing; **roue avant** front wheel
avant-hier the day before yesterday
avec with **33**, **35**, **48**
avenue avenue
aveugle blind
avion plane, *(Br)* aeroplane, *(Am)* airplane; **par avion** *(courrier)* airmail
avis: changer d'avis to change one's mind
avoir to have *(voir grammaire)*
avril April

B

baby-sitter babysitter
bagages luggage, baggage **25**, **26**
bagages à main hand luggage **25**
baigner (se) *(nager)* to go for a swim
bain bath; **prendre un bain** to have a bath
balader (se) *(à pied)* to go for a walk; *(en voiture)* to go for a drive
balcon balcony
bandage bandage
bande dessinée comic strip
banlieue suburb
banque bank **87**
bar bar
barbecue barbecue
bas *(n)* *(niveau inférieur)* bottom; **en bas** at the bottom; *(à l'étage inférieur)* downstairs
bas *(adj)* low
basilique basilica
bateau boat
bâtiment building
bâton de ski ski pole
batterie battery **30**
beau, belle beautiful; *(homme)* handsome
beaucoup (de) *(quantité)* a lot of; *(nombre)* many, a lot of **48**; **beaucoup plus** much more, a lot more
bébé baby
Belge Belgian
belge Belgian
Belgique Belgium
besoin: avoir besoin de to need **101**
beurre butter
biberon baby's bottle
bicyclette bicycle
bien *(adj)* good
bien *(adv)* well; **j'aimerais bien …** I'd like… **64**; **bien sûr** of course

bientôt soon **98**; **à bientôt !** see you soon!
bienvenu welcome; **bienvenue !** welcome!
bière beer
bijouterie *(Br)* jeweller's, *(Am)* jewelry shop
bijoux *(Br)* jewellery, *(Am)* jewelry
billet *(de transport)* ticket **23**; *(de banque) (Br)* (bank)note, *(Am)* bill
billetterie ticket office
bio *(produits)* organic
bise kiss; **faire la bise à quelqu'un** to kiss someone on both cheeks
blanc white
blessé injured
bleu *(n) (sur la peau)* bruise
bleu *(adj) (couleur)* blue; *(steak)* rare
blond blond
bloqué stuck **29**
blouson jacket
boire to drink **47**
bois wood
boisson drink **48**, **66**
boîte *(caisse)* box
boîte aux lettres *(privée)* letterbox; *(publique) (Br)* postbox, *(Am)* mailbox **91**
boîte de conserve can
boîte de nuit (night)club **66**
boîte de vitesses gearbox
bol bowl
bon *(savoureux)* good; *(exact)* right; **bon marché** cheap
bondé packed
bonjour *(le matin)* hello, good morning; *(l'après-midi)* hello, good afternoon
bonsoir hello, good evening
bord: au bord de la mer at the seaside
bosse bump
bottes boots
bouche mouth
boucherie butcher's
bouchon *(de bouteille)* cork; *(embouteillage)* traffic jam **29**
boucles d'oreilles earrings
bouée buoy
bougie *(de cire)* candle; *(de voiture)* spark plug
boulangerie baker's
boule: une/deux boule(s) *(de glace)* one/two scoop(s)
boules Quiès® earplugs
bout: un bout de ... a bit of...
bouteille bottle
bouteille de gaz gas cylinder
boutique *(Br)* shop, *(Am)* store
bouton *(sur la peau)* spot; *(de vêtement, d'un appareil)* button
bracelet bracelet
brancher to plug in **99**
bras arm
briquet lighter
brochure brochure
bronchite bronchitis
bronzé tanned
bronzer *(brunir)* to tan; *(s'exposer)* to sunbathe
brosse brush
brosse à dents toothbrush
brouillard fog
bruit noise; **faire du bruit** to make a noise
brûler to burn; **se brûler** to burn oneself
brûlure burn
brun brown
bruyant noisy **37**
bureau de poste post office
bureau de tabac *(Br)* tobacconist's, *(Am)* tobacco store
bus bus

C

ça that; *(plus près)* this; *(sujet indéfini)* that, it
cabine d'essayage fitting room, changing room

cabine téléphonique phone booth, *(Br)* phone box
caddie® *(Br)* trolley, *(Am)* cart
cadeau present **84**
cafard cockroach
café *(boisson)* coffee; *(lieu)* café
café au lait white coffee, coffee with milk
café crème white coffee, latte
café Internet Internet café
cahier notebook
caisse *(boîte)* box; *(où payer)* cashdesk; *(dans un supermarché)* checkout
caleçon *(sous-vêtement)* boxer shorts; *(de bain)* swimming trunks
caleçon long leggings
calme quiet
caméra camera
camion truck, *(Br)* lorry
campagne country(side)
camping *(activité)* camping; *(terrain)* campsite; **faire du camping** to go camping
camping-car camper
camping-gaz® camping stove
car *(bus)* bus
carafe jug **46**
caravane caravan
cardiaque cardiac
carie: avoir une carie to have a cavity
carnet de tickets book of tickets
carte *(menu)* menu; *(géographique)* map **63**; *(à jouer)* card; *(document officiel)* card
Carte Bleue® debit card
carte de crédit credit card **34**, **89**
carte de téléphone phonecard
carte de visite business card
carte d'identité identity card
carte postale postcard
cas: au cas où just in case; **en cas de ...** in case of...
casque helmet
casquette cap
cassé broken
casse-croûte snack
casser to break **40**; *(couple)* to split up; **se casser la jambe** to break one's leg
casserole (sauce)pan
cathédrale cathedral
catholique (Roman) Catholic
cause: à cause de because of
caution deposit
CD CD
ce this; *(plus loin)* that **81**
ceinture belt
ceinture de sécurité safety belt
cela that
celle-ci this one **81**
celle-là that one **81**
celui-ci this one **81**
celui-là that one **81**
cendrier ashtray
centimètre *(unité de mesure)* *(Br)* centimetre, *(Am)* centimeter
centre centre, *(Am)* center **37**
centre commercial *(Br)* shopping centre, *(Am)* shopping mall
centre-ville *(Br)* town centre, *(Am)* downtown
certain certain
ces these; *(plus loin)* those
c'est it's; **c'est très bon** it's very good; **c'est annulé** it's been cancelled
cette this; *(plus loin)* that
ceux-ci these ones
ceux-là those ones
chacun each one
chaîne chain; *(hi-fi)* hi-fi; *(de télévision)* channel
chaise chair
chaleur heat
chambre room **35**, **36**
chambre à air inner tube
chambre d'hôtes guest house
chance luck; **bonne chance !** good

luck!; **avoir de la chance** to be lucky **21**
changement change **28**
changer to change; **se changer** to get changed, to change
chanson song
chapeau hat
chapelle chapel
chaque each, every
charcuterie *(magasin)* pork butcher's; *(produits)* cooked meats
chasse d'eau flush
château castle
chaud hot; **il fait chaud** it's hot
chauffage heating
chauffe-eau water heater
chauffeur de taxi taxi driver
chaussettes socks
chaussures shoes
chaussures de marche walking boots
chaussures de ski ski boots **75**
chef *(dirigeant)* boss; *(cuisinier)* chef
chemin path; *(direction)* way
cheminée *(foyer)* fireplace; *(conduit)* chimney
chemise *(vêtement)* shirt; *(de carton)* folder
chemise de nuit nightdress
chèque *(Br)* cheque, *(Am)* check
chèque de voyage traveller's cheque
cher *(coûteux)* expensive; *(dans une lettre)* dear
chercher to look for **12**, **83**, **86**; **aller chercher quelqu'un/quelque chose** to go and fetch someone/something
cheval horse
cheveux hair
cheville ankle
chez: chez soi at home; **je rentre chez moi** I'm going home; **je suis allé chez lui** I went to his place; **je vais chez ma sœur** I'm going to my sister's (place)
chinois Chinese
choc shock
chocolat chocolate
choisir to choose
choix choice
choquant shocking
chose thing
ciel sky
cigare cigar
cigarette cigarette **66**
cimetière cemetery
cinéma *(Br)* cinema, *(Am)* movies; *(salle) (Br)* cinema, *(Am)* movie theater
cintre coathanger
circulation *(de voiture)* traffic; *(du sang)* circulation
cirque circus
ciseaux scissors
clair light; **bleu clair** light blue
classe class; **première/deuxième classe** first/second class; **classe affaires/économique** business/economy class
classique classic; *(musique)* classical **65**
clé key
cliché *(n)* cliché
clignotant *(Br)* indicator, *(Am)* flasher
climat climate
climatisation air conditioning **37**
club club
cochon pig
code code
code confidentiel PIN (number) **89**
code d'entrée door code
code postal *(Br)* postcode, *(Am)* zip code
cœur heart
coffre *(de voiture) (Br)* boot, *(Am)* trunk
coiffeur hairdresser
coin *(angle)* corner **82**; **un coin magnifique** a beautiful spot; **dans le coin** around here **34**
coincé stuck
colère: en colère angry

colis parcel
collants *(Br)* tights, *(Am)* panti-hose
colle glue
colline hill
colonie de vacances *(Br)* holiday camp, *(Am)* summer camp
combien *(nombre)* how many?; *(quantité)* how much?; **combien ça coûte ?** how much does it cost?; **combien de temps ... ?** how long...?; **depuis combien de temps ... ?** for how long...?; **on est le combien ?** what's today's date?
combinaison de plongée wetsuit
commander *(nourriture)* to order **46**
comme *(pareillement)* like, as; *(parce que)* as
commencer to start, to begin **103**
comment how **8**; **comment ?** *(pardon?) (Br)* pardon?, *(Am)* excuse me?; **comment allez-vous ?** how are you?
commerces *(Br)* shops, *(Am)* stores
commissariat *(central)* police station **107**
commission *(de change)* commission **88**
compagnie aérienne airline
compartiment compartment
complet *(plein)* full **38**, **45**
comprendre to understand **10**, **19**
comprimé tablet **105**
compris *(service, assurance)* included **49**; **tout compris** all inclusive
comptant: payer comptant to pay cash
compte account
compte bancaire bank account
compter to count; **compter sur** to count on
compteur électrique electricity meter **40**
concert concert **61**, **65**
conduire to drive; *(quelqu'un)* to take **13**
confirmer *(vol)* to confirm **25**
confortable comfortable
congélateur freezer
connaître to know **11**, **16**, **98**
connu famous **64**
conseil: un conseil a piece of advice; **des conseils** advice; **demander conseil à quelqu'un** to ask someone's advice
conseiller to advise, to recommend **17**
consigne *(pour bagages) (Br)* left-luggage office, *(Am)* checkroom
consommation *(boisson)* drink
consommer *(boire)* to drink
constipé constipated
construit en ... built in...
consulat consulate **107**
contact contact; **rester en contact** to stay in touch **17**
contacter to contact
contagieux contagious **104**
contemporain contemporary
content pleased
continuer to continue, to go on; **continuer à faire quelque chose** to carry on doing something
continuation: bonne continuation ! all the best!
contraceptif contraceptive
contraire opposite; **au contraire** on the contrary
contrat contract
contre against **104**
coordonnées address and telephone number
copain friend; **petit copain** boyfriend **66**
copine friend; **petite copine** girlfriend
corps body
correspondance *(changement)* connection **25**
côte *(maritime)* coast **71**; *(du corps)* rib

côté side; **à côté de** beside
coton *(hydrophyle)* cotton wool; *(textile)* cotton
coton-tige® *(Br)* cotton bud, *(Am)* Q-tip®
cou neck
couche *(pour bébé)* *(Br)* nappy, *(Am)* diaper
coucher: se coucher to go to bed **111**; *(s'allonger)* to lie down; **coucher avec** to sleep with
coucher du soleil sunset
couchette couchette
couleur *(Br)* colour, *(Am)* color **83**
coup: ça vaut le coup it's worth it; **aller boire un coup** to go for a drink **43**
coup de soleil: prendre un coup de soleil to get sunburnt
coupe-ongles nail clippers
couper to cut; **on a été coupés** *(au téléphone)* we got cut off; **coupé en tranches** sliced; **se couper** to cut oneself
courage courage; **bon courage !** good luck!
courant: être au courant (de) to know (about)
courrier mail, *(Br)* post **91**
cours *(leçon)* class **76**
courses shopping; **faire des/ les courses** to do some/ the shopping **34**
court short
couteau knife
coûter to cost **23**, **70**, **74**; **combien ça coûte ?** how much is it?, how much does it cost?
couverture blanket; *(de livre)* cover
couvrir to cover
cravate tie
crayon pencil
crème cream
crème à raser shaving cream
crème fraîche crème fraîche
crème hydratante moisturizer
crème solaire sun cream
crevé *(pneu)* burst
crever *(pneu)* to burst
crise cardiaque heart attack
crise d'appendicite appendicitis
croire to believe; *(penser)* to think; **je crois que ...** I think (that)...
croisière cruise
cru raw
cuillère spoon
cuillère à café teaspoon
cuillère à soupe tablespoon
cuire to cook; *(gâteau, pain)* to bake
cuisine *(fait de cuisiner)* cooking; *(pièce)* kitchen **35**; **faire la cuisine** to do the cooking
cuisse thigh
cuit cooked; **bien cuit** well done; **trop cuit** overdone
culotte *(de femme)* *(Br)* pants, *(Am)* panties; *(d'enfant)* pants
cybercafé Internet café **93**

D

dangereux dangerous
dans in; **dans une heure** in an hour; **dans la soirée** in the evening
danse dance
danser to dance
date date
date de naissance date of birth
date d'expiration expiry date
date limite deadline
dater (de) to date (from) **69**
de of; **le vélo de David** David's bike; **de ... à ...** from... to... ; **du pain** (some) bread; **des œufs** (some) eggs
dé *(à jouer)* dice
début beginning, start; **au début** at the beginning; **en début de** at the beginning of
débutant beginner **74**

décalage (horaire) time difference **116**; *(après un vol)* jetlag
décapsuleur bottle opener
décembre December
décider to decide
déclaration *(de perte, vol)* statement **26**, **108**
déclarer *(à la douane)* to declare
décoller *(avion)* to take off
déçu disappointed
dedans inside
défaut *(de personne)* flaw
dégonflé *(pneu)* flat
degré *(température)* degree
dehors outside
déjà already **113**
déjeuner *(n)* lunch
déjeuner *(v)* to have lunch
demain tomorrow; **à demain !** see you tomorrow!; **demain soir** tomorrow evening
demander to ask
démanger: ça me démange it's itchy
demi half **46**; **un demi-litre/-kilo** half a litre/kilo; **une demi-heure** half an hour; **une heure et demie** an hour and a half; **un demi** *(bière)* a beer, *(Br)* a half-pint
demi-pension half-board
demi-tour U-turn
dent tooth; **des dents** teeth
dentifrice toothpaste
dentiste dentist
déodorant deodorant
dépannage: service de dépannage breakdown service
départ departure
dépêcher (se) to hurry (up) **111**
dépendre: ça dépend (de) that depends (on) **84**
dépenser to spend
dépliant *(prospectus)* leaflet
déposer: déposer quelqu'un *(en voiture)* to drop someone off **31**
depuis since; **depuis que** since; **depuis quand êtes-vous ici ?** how long have you been here?
déranger to disturb
dernier last **49**; **au dernier moment** at the last minute; **l'année dernière** last year **113**
derrière behind
des *voir* **de**
dès from; **dès que** as soon as
désagréable unpleasant
descendre *(transports)* to get off **28**
désert desert
désinfecter to disinfect
désolé *(navré)* sorry **9**
dessert dessert **47**
dessous underneath; **en dessous (de)** below
dessus above; **au-dessus (de)** above
destinataire addressee
détendre (se) to relax
détester to hate
devant in front of
développer: faire développer une pellicule to get a film developed **86**
devenir to become
devise currency
devoir *(obligation)* to have to **62**, **112**; *(argent)* to owe **49**; **je dois y aller** I have to go, I must go; **il doit être 5h** it must be 5 o'clock; **vous devriez ...** you should...
diabète diabetes
diapositive slide
diarrhée: avoir la diarrhée *(Br)* to have diarrhoea, *(Am)* to have diarrhea
diesel diesel
différent (de) different (from)
difficile difficult
dimanche Sunday
diminuer to reduce
dîner *(n)* dinner
dîner *(v)* to have dinner
dire to say **8**; **vouloir dire** to mean **11**;

comment dit-on ... ? how do you say ... ?; **ça te dit ?** does that sound OK to you?
direct direct
directement directly
direction *(sens)* direction **31**; *(entreprise)* management; **le train en direction de Leeds** the train to Leeds
disquaire record dealer
disque record
distributeur (automatique de billets) *(Br)* cashpoint, *(Am)* ATM **88**
docteur doctor **101**, **102**
doigt finger
dommage: c'est dommage it's a pity; **quel dommage !** what a pity!
donc so, therefore
donner to give
dont whose; **l'hôtel dont il me parlait** the hotel he told me about
dormir to sleep; **dormir à la belle étoile** to sleep out in the open
dos back
douane customs **109**
doublé *(film)* dubbed
doucement *(délicatement)* gently; *(bas)* softly; *(lentement)* slowly
douche shower; **prendre une douche** to take a shower
drap sheet
drogue drug
droit *(n)* right; **avoir le droit de ...** to have the right to ...
droit *(adj)* right; **le côté droit** the right-hand side
droit: *(adv)* **tout droit** straight on, straight ahead **13**
droite right; **à droite (de)** to the right (of) **13**, **82**
drôle funny **19**
du *voir* **de**
dur hard
durer to last **65**, **116**

E

eau water
eau gazeuse sparkling water
eau minérale mineral water
eau plate still water
échanger to exchange
écharpe scarf
école school
écouter to listen; **écouter quelqu'un/ quelque chose** to listen to someone/ something
écrire to write
effort effort; **faire un effort** to make an effort
égal: ça m'est égal I don't mind
église church
électrique electric
elle she
elles they
e-mail e-mail
embarquement boarding **25**, **26**
embarquer to board
embouteillage traffic jam **29**
embrayage clutch
emmener *(en voiture)* to take
emplacement *(de camping)* place
emporter to take; **à emporter** *(Br)* takeaway, *(Am)* takeout
emprunter to borrow
en in; **en France/1995/anglais** in France/1995/English; **je vais en France** I'm going to France; **en voiture** by car
enceinte pregnant **103**
enchanté ! pleased to meet you!
encore *(toujours)* still; *(davantage)* more; *(de nouveau)* again; **pas encore** not yet **46**; **encore plus** even more
endormir (s') to fall asleep
enfant child; **des enfants** children
enflé swollen
enlever to remove
ennuyer (s') to be bored

enregistrement *(des bagages)* check-in **25**
enregistrer *(musique)* to record; *(bagages)* to check in
enrhumé: être enrhumé to have a cold
ensemble together
ensuite then, next
entendre to hear; **bien s'entendre (avec quelqu'un)** to get on well (with someone); **mal s'entendre (avec quelqu'un)** not to get on (with someone)
entier whole; **le gâteau en entier** the whole cake
entracte interval, intermission **65**
entre between; **entre midi et deux** between midday and two; **entre 3 et 5 jours** between 3 and 5 days
entrée *(lieu)* entrance, way in; *(de repas)* starter; *(prix)* admission **68**
entrer *(aller)* to go in; *(venir)* to come in
enveloppe envelope
envie: avoir envie de to want to
environ about, around **93**; **dans les environs** in the vicinity
envoyer to send **91**
épaule shoulder
épicé spicy, hot **44**
épicerie grocer's
épileptique epileptic
éponge sponge
épuisé *(fatigué)* exhausted; *(marchandises)* out of stock
équipe team
erreur mistake
escalade climbing
escalier stairs
Espagne Spain
Espagnol Spaniard
espagnol Spanish
espérer to hope; **j'espère que ...** I hope that...
essayer to try; *(vêtement)* to try (on) **83**; **essayer de faire quelque chose** to try to do something
essence *(Br)* petrol, *(Am)* gas
est east; **à l'est** in the east; **à l'est de** (to the) east of
estomac stomach
et and
étage floor
état state; **l'État** the State
États-Unis United States
été summer
éteindre *(cigarette)* to put out; *(appareil)* to switch off **65**
étonner to surprise
étranger *(n)* foreigner; **à l'étranger** abroad
étranger *(adj)* foreign
être to be *(voir grammaire)*; **je suis Français** I'm French; **est-ce que tu es content ?** are you happy?; **c'est beau** it's beautiful
études studies; **faire des études de biologie** to study biology
étudiant student **15**, **23**
euro euro
eurochèque Eurocheque
Europe Europe
européen European
eux them
évanouir (s') to faint
évident obvious
excédent *(de bagages)* excess; **j'avais un excédent de bagages de 15 kilos** my luggage was 15 kilos overweight
exceptionnel exceptional; **ça n'a rien d'exceptionnel** it's nothing special
excursion trip
excuse excuse
excuser (s') to apologize; **excusez-moi** *(je suis désolé)* I'm sorry; *(pour attirer l'attention)* excuse me

exemple example; **par exemple** for example
expéditeur sender
expliquer to explain
exposition exhibition
exprès on purpose; **en exprès** by special delivery
express express; *(café)* expresso, espresso
expresso expresso, espresso
exprimer(s') to express oneself

F

face face; **en face** opposite; **en face de** opposite
fâché angry
facile (à) easy (to) **84**
façon way; **de toute façon** anyway
facteur *(Br)* postman, *(Am)* mailman
facture bill
faible weak **102**
faim: avoir faim to be hungry **44**
faire to do, to make **11**, **15**, **62**, **76**; **ça fait 2 ans que je n'ai pas pris de vacances** I haven't taken a holiday for 2 years; **ça ne fait rien** it doesn't matter
fait *(n)* fact; **en fait** in fact; **au fait** by the way
fait: *(adj)* **fait main** hand-made
falaise cliff
falloir: il faut faire attention you/we/etc must be careful; **il faut se dépêcher** we must hurry; **il me faut de nouvelles chaussures** I need new shoes; **il faut que j'y aille** I must go; **il faut que vous le voyiez** you must see it
famille family **16**
fast-food fast-food restaurant
fatigant tiring
fatigué tired
faute *(erreur)* mistake
fauteuil roulant wheelchair
faux *(incorrect)* wrong; *(mensonger)* false
fax fax
félicitations ! congratulations!
femme *(de sexe féminin)* woman; *(épouse)* wife
fenêtre window
fer à repasser iron
férié: jour férié public holiday; **lundi est férié** Monday is a public holiday
fermé closed, shut
fermer to close, to shut **49**
fermeture closing
fermeture éclair® *(Br)* zip, *(Am)* zipper
ferry ferry
fesses bottom
festival festival **114**
fête party; **faire la fête** to party
fête foraine funfair
fête nationale national holiday
feu fire; **tu as du feu ?** do you have a light?
feu rouge red light
feux d'artifice fireworks
février February
fiancé fiancé; **être fiancé** to be engaged
fiancée fiancée
fier (de) proud (of)
fièvre fever; **avoir de la fièvre** to have a fever **103**
fille girl; *(de parents)* daughter
film movie, *(Br)* film
fils son
fin *(n)* end; **en fin de, à la fin de** at the end of
fin *(adj)* fine
finalement finally
finir to finish
flash flash
fleuve river
foie liver

foire fair
fois time **114**; **combien de fois ... ?** how many times...?; **une fois** once; **deux fois** twice; **trois/ quatre fois** three/four times
folklorique traditional
foncé dark; **bleu foncé** dark blue
fond bottom; **au fond de** *(récipient)* at the bottom of; *(espace)* at the back of
forêt forest
forfait *(pour transports, ski)* pass **75**
formulaire form **109**
fort *(personne, goût)* strong; *(son)* loud
foulard scarf
fouler: se fouler la cheville to sprain one's ankle **103**
four oven
fourchette fork
fourmi ant
fourrière pound **107**
foutu: mon appareil photo est foutu my camera has had it; **c'est foutu pour ce soir** we can forget tonight
fracture fracture
fragile fragile
frais *(temps)* chilly; *(aliment)* fresh; *(boisson)* cold
Français French person
français French
France France
frein brake
frein à main handbrake
freiner to brake
frère brother
frigidaire® refrigerator, *(Br)* fridge
froid cold; **il fait froid** it's cold; **avoir froid** to be cold; **prendre froid** to catch cold
front forehead
frontière border
fuite leak
fumer to smoke **66**
fumeur smoker; **non-fumeur** non-smoker **49**; **fumeurs** *(salle, compartiment)* smoking **45**
fusible *(Br)* fuse, *(Am)* fuze

G

gâcher to waste
gagner to win; *(de l'argent)* to earn; *(du temps)* to save
galerie gallery
gant glove
gant de toilette facecloth
garage garage **29**
garantie guarantee
garçon *(enfant)* boy; *(serveur)* waiter
garder to keep
gare *(train)* station
gare routière bus station
garer (se) to park
gauche left; **à gauche (de)** to the left (of) **13**
gaz gas
gaze *(bandage)* gauze
gazeux *(boisson)* fizzy
gel *(eau gelée)* frost; *(pour les cheveux)* gel
gel douche shower gel
généraliste *(médecin)* *(Br)* GP, *(Am)* family practitioner
genou knee
genre: quel genre de ... ? what kind of...? **64**
gens people; **les gens** people
gentil nice
glace *(eau gelée)* ice; *(à manger)* ice cream; *(miroir)* mirror
glaçon ice cube **48**
golf golf
gorge throat **102**
gourde flask
goût taste
goûter *(n)* (afternoon) snack
goûter *(v)* to taste
gouttes *(pour les oreilles, les yeux)* drops

grâce à thanks to
grammes grams
grand big; *(haut)* tall
Grande-Bretagne (Great) Britain
grandir to grow; **j'ai grandi en France** I grew up in France
gras fat
gratuit free **68**
grave serious **104**; **ce n'est pas grave** it doesn't matter
Grec Greek
grec Greek
Grèce Greece
grippe flu
grippe intestinale gastric flu
gris *(Br)* grey, *(Am)* gray
gros big
groupe group
guêpe wasp
guérir *(aller mieux)* to get better
gueule de bois hangover **49**
guide *(livre)* guide(book); *(personne)* guide
guide des spectacles listings magazine **63**
gynécologue *(Br)* gynaecologist, *(Am)* gynecologist

H

habiller (s') to get dressed
habiter to live
habitude habit; **d'habitude** usually; **j'ai l'habitude** I'm used to it; **je n'ai pas l'habitude de manger aussi tôt** I'm not used to eating so early
hanche hip
handicapé handicapped, disabled **108**
hasard: par hasard by chance
haschich hashish
haut *(n) (niveau supérieur)* top; **en haut** at the top; *(à l'étage supérieur)* upstairs
haut *(adj)* high
héberger to put up
hémorroïdes piles
herbe grass
hésiter to hesitate
heure hour **115**, **116**; **à quelle heure ... ?** what time...?; **à 5 heures** at five o'clock; **à l'heure** on time; **à tout à l'heure** see you later
heure locale local time
heureux happy
hier yesterday; **hier soir** yesterday evening, last night
histoire *(passé)* history; *(récit)* story
hiver winter
Hollandais Dutch person
hollandais Dutch
Hollande Holland, the Netherlands
homéopathie *(Br)* homoeopathy, *(Am)* homeopathy
homme man **83**
homosexuel homosexual
honnête honest
hôpital hospital
horaires *(de transports)* timetable **23**
hors service out of order
hôtel hotel
hôtel de ville *(Br)* town hall, *(Am)* city hall
huile oil
humide damp
hypertension high blood pressure
hypotension low blood pressure

I

ici here **14**, **16**, **34**; **d'ici un quart d'heure** in a quarter of an hour
il he
il y a: il y a un château there is a castle; **il y a 2 musées** there are 2 museums; **il y a 2 ans** 2 years ago
île island
ils they
immeuble *(bâtiment)* building;

(d'habitation) (Br) block of flats, *(Am)* apartment block
imperméable *(n)* raincoat
imperméable *(adj)* waterproof
important important
impossible impossible
imprimer to print
incendie fire
indépendant independent
indicatif *(téléphonique) (Br)* dialling code, *(Am)* dialing code **98**
infection infection
infirmière nurse
informations *(renseignements)* information **68**; *(nouvelles)* news
inquiéter (s') to worry
inscrire (s') to sign up
insecte insect
insecticide insecticide
insolation sunstroke
insomnie insomnia
instant: un instant, s'il vous plaît one moment, please
intention: avoir l'intention de ... to intend to... **17**
interdit forbidden
intérieur: à l'intérieur inside **66**
international international
Internet Internet
intoxication alimentaire food poisoning
invité guest
inviter to invite
Italie Italy
Italien Italian
italien Italian

J

jamais never **76**; **ne ... jamais** never; **si jamais** if ever; **le meilleur spectacle que j'ai jamais vu** the best show I've ever seen
jambe leg
janvier January
Japon Japan
japonais Japanese
jardin garden
jaune yellow
je I
jean jeans
jetable disposable **85**
jeter to throw; *(à la poubelle)* to throw out
jeudi Thursday
jeune *(n)* young person **69**
jeune *(adj)* young
jogging *(sport)* jogging; *(tenue)* jogging suit
joli pretty
jouer to play **73**, **76** ; **ça joue à ...** it's on at...
jouet toy
jour day; **de nos jours** nowadays
journal newspaper
journée day **75**
juillet July
juin June
jumelles *(pour voir)* binoculars
jupe skirt
jus juice; **jus de fruit** fruit juice
jusqu'à until **13**, **82**, **113**
juste *(équitable)* fair; **juste avant/un peu** just before/a little

K

kayak kayak
kilomètre *(Br)* kilometre, *(Am)* kilometer
kiosque à journaux newsstand
Kleenex® Kleenex®
K-way® waterproof jacket **75**

L

la *(article)* the; *(pronom)* her
là there **13**

là-bas over there **108**
lac lake
là-haut up there; *(à un étage supérieur)* upstairs
laine wool
laisser *(permettre)* to let; *(abandonner)* to leave **39**, **98**; **laissez-moi tranquille** leave me alone; **laisser tomber** to drop
lait milk
lait après-soleil after-sun (lotion)
lait hydratant moisturizing lotion
laitue lettuce
lame de rasoir razor blade
lampe lamp
lampe de poche *(Br)* torch, *(Am)* flashlight
langue *(organe)* tongue; *(langage)* language
large wide
lavabo *(Br)* washbasin, *(Am)* washbowl
laver to wash; **se laver** to have a wash; **se laver les dents** to clean one's teeth; **se laver les cheveux** to wash one's hair
laverie *(Br)* launderette, *(Am)* Laundromat®
lave-vaisselle dishwasher
le *(article)* the; *(pronom)* him
léger light
légume vegetable
lent slow
lentement slowly **10**
lentilles *(de contact)* lenses **101**
les *(article)* the; *(pronom)* them
lessive washing powder; **faire la lessive** to do the washing
lettre letter
leur *(adj possessif)* their; *(pronom personnel)* them; **leurs** their; **le/la leur** *(pronom possessif)* theirs; **les leurs** theirs
levée *(poste)* collection **91**
lever (se) to get up **111**
lever du soleil sunrise
lèvre lip
librairie *(Br)* bookshop, *(Am)* bookstore
libre *(chambre)* available **36**, **102**; *(toilettes, place, personne)* free **24**
lieu place; **au lieu de** instead of
ligne line **27**; **ligne de métro** *(Br)* underground line, *(Am)* subway line; **ligne de bus** bus route
linge sale (dirty) washing
liquide cash; **payer en liquide** to pay cash **80**
liquide vaisselle washing-up liquid
lire to read
lit bed
litre *(Br)* litre, *(Am)* liter
livre book
location *(de logement)* rental; *(de voiture, de vélo, de skis)* *(Br)* hire, *(Am)* rent
logement *(Br)* accommodation, *(Am)* accommodations
loin far **12**, **13**; **loin de** far from
longtemps a long time **111**
lorsque when
louer *(logement)* to rent; *(voiture, vélo, skis)* *(Br)* to hire, *(Am)* to rent **30**, **73**, **75**
lourd heavy; *(temps)* close
loyer rent
lui *(homme)* him; *(femme)* her
lumière light
lundi Monday
lune moon
lune de miel honeymoon **16**
lunettes glasses
lunettes de soleil sunglasses
luxe: de luxe luxury
Luxembourg Luxembourg
Luxembourgeois person from Luxembourg
luxembourgeois from Luxembourg

M

ma my
machine à laver washing machine
Madame *(avant un nom propre)* Mrs; **pardon Madame** excuse me
Mademoiselle *(avant un nom propre)* Miss; **pardon Mademoiselle** excuse me
magasin *(Br)* shop, *(Am)* store; **grand magasin** department store
magazine magazine
mai May
maigre thin
maillot de bain *(pour femme)* swimsuit; *(pour homme)* swimming trunks
main hand
maintenant now
mairie *(Br)* town hall, *(Am)* city hall
mais but **10**, **46**, **62**
maison house **16**; **à la maison** at home
mal: *(n)* **ça fait mal** it hurts; **avoir mal au cœur** to feel sick **102**; **avoir mal à la tête/ à la gorge/ au ventre** to have a headache/ a sore throat/ a sore stomach **102**; **avoir le mal de mer** to be seasick **32**; **avoir du mal à faire quelque chose** to have trouble doing something
mal *(adj)* bad; **c'est pas mal** it's not bad
mal *(adv)* badly; **pas mal de** quite a lot of
malade ill
maladie illness
malentendu misunderstanding
manche sleeve
mandat international international money order
manger to eat **43**, **45**, **81**
manière way; **de toute manière** in any case
manquer *(rater)* to miss; **il manque 2 valises** there are two suitcases missing; **il me manque 2 ...** I'm 2... short
manteau coat
marchand *(Br)* shopkeeper, *(Am)* storekeeper
marchand de journaux *(Br)* newsagent, *(Am)* newsdealer
marchandises goods **26**
marche step; **faire de la marche** to go walking; **marche avant/ arrière** forward/reverse gear
marché market **82**
marcher *(à pied)* to walk; *(fonctionner)* to work **37**
mardi Tuesday
marée tide; **marée basse/haute** low/high tide
mari husband
mariage marriage; *(cérémonie)* wedding
marié married
marre: en avoir marre (de) to be fed up (with)
marron *(couleur)* brown; *(fruit)* chestnut
mars March
match match
matelas mattress
matelas pneumatique airbed
matériel equipment
matin morning
mauvais bad; **il fait mauvais** the weather's bad
maximum maximum
me me
mec guy
méchant bad
médecin doctor **101**
médicament medicine
meilleur better; **le meilleur** the best; *(de deux)* the better; **meilleur que...** better than...
mélanger to mix
membre *(d'un club)* member
même *(adj)* same **48**

même *(adv)* even; **même si** even if; **moi-même** myself; **lui-même** himself
ménage: faire le ménage to do the housework
mentir to lie
menton chin
menu menu; *(formule)* set menu
mer sea; **la mer Méditerranée/ du Nord** the Mediterranean/ North Sea
merci thank you, thanks; **merci beaucoup** thank you very much; **non merci** no, thank you
mercredi Wednesday
mère mother
mes my
message message **96**, **98**
messe mass
métier occupation
mètre *(Br)* metre, *(Am)* meter
métro *(Br)* underground, *(Am)* subway
mettre to put
micro-ondes microwave
midi midday, noon
mien: le mien/ la mienne mine; **les miens/ miennes** mine
mieux better **103**; **mieux que ...** better than...
milieu middle; **au milieu (de)** in the middle (of)
minimum minimum
minuit midnight
minute minute **70**, **93**, **116**
mobylette® moped
moderne modern **67**
moi me
moins less **82**; **au moins** at least; **moins que** less than; **dix heures moins le quart** a quarter to ten
mois month **112**, **113**
moitié half; **la moitié de ce fromage** half (of) that cheese
moment moment; **un moment !** just a moment! ; **en ce moment** at the moment; **pour le moment** for the moment; **à ce moment-là** then
mon my
monastère monastery
monde world; **tout le monde** everybody; **il y a du monde** there are lots of people **19**
monnaie *(devise)* currency; *(pièces)* change **79**, **80**, **96**
Monsieur *(avant un nom propre)* Mr; **pardon Monsieur** excuse me
montagne mountain
montre watch
montrer to show
monument monument
morceau: un morceau de a piece of
mort *(adj)* dead
mosquée mosque
mot word; *(note écrite)* note **11**
moteur engine
moto motorcycle, *(Br)* motorbike
mouche fly
mouchoir handkerchief
mouillé wet
mourir to die
mousse à raser shaving foam
moustique mosquito
moyen *(n)* way
moyen *(adj)* average
mur wall
mûr ripe
muscle muscle
musée museum
musique music **61**, **64**, **65**

N

nager to swim; **est-ce que tu sais nager ?** can you swim?
naître: je suis né le/ en ... I was born on the/ in...
natation swimming
nature nature
nausée: avoir la nausée to feel sick

navette shuttle
ne *voir* **pas**, **plus**, **jamais**
nécessaire necessary
négatif *(photographique)* negative
neige snow
neiger to snow
nerveux nervous
nettoyer to clean
neuf *(nouveau)* new
neveu nephew
nez nose
ni ... ni ... neither ... nor ...
nièce niece
Noël Christmas; **joyeux Noël !** Merry Christmas!
noir black; **noir et blanc** black and white **86**
nom name
nombre number
nom de famille surname
nom de jeune fille maiden name
non no; **je ne fume pas – moi non plus** I don't smoke – neither do I
nord north; **au nord** in the north; **au nord de** (to the) north of
normal normal
nos our
note *(facture)* bill; *(dans un hôtel) (Br)* bill, *(Am)* check
noter *(écrire)* to write down
notre our
nôtre: le/la nôtre ours; **les nôtres** ours
nourriture food
nous *(sujet)* we; *(complément)* us
nouveau new; **à nouveau** again
Nouvel An New Year
nouvelle *(livre)* short story; **bonne/mauvaise nouvelle** good/bad news; **les nouvelles** the news
novembre November
noyer (se) to drown **108**
nu naked
nuage cloud
nuit night; **bonne nuit** goodnight
nul useless **73**; **nulle part** nowhere
numéro number **28**, **97**, **99**
numéro de téléphone phone number
numéro d'immatriculation *(Br)* registration number, *(Am)* license number

O

objectif *(photographique)* lens
occasion *(opportunité)* opportunity; **d'occasion** second-hand
occupé *(WC)* engaged; *(personne)* busy; *(ligne téléphonique) (Br)* engaged, *(Am)* busy **98**
occuper: s'occuper de to look after
océan ocean; **l'océan Atlantique** the Atlantic Ocean
octobre October
odeur smell
œil eye
office du tourisme tourist office
offrir to offer; *(cadeau)* to give
oiseau bird
ok OK
ombre shade; **à l'ombre** in the shade
on one; *(nous)* we
oncle uncle
ongle nail
opérer: se faire opérer to have an operation
opticien optician
orage storm
orange orange
orchestre orchestra
ordinateur computer
ordinateur portable laptop
ordures *(Br)* rubbish, *(Am)* garbage
oreille ear
oreiller pillow
organiser to organize

origine origin; **être d'origine ...** to be of... origin
ou or
où where; **où est ... ?** where is...?; **où sont ... ?** where are...?; **où vas-tu ?** where are you going?; **d'où viens-tu ?** where are you from?
oublier to forget **11**
ouest west; **à l'ouest** in the west; **à l'ouest de** (to the) west of
oui yes
ouvert open **69**, **79**
ouvre-boîtes can opener
ouvre-bouteilles bottle opener
ouvrir to open **109**

P

page page
palais palace
pâle pale
panne breakdown; **tomber en panne** to break down **30**; **être en panne d'essence** *(Br)* to have run out of petrol, *(Am)* to have run out of gas **30**
panneau sign **13**; *(de signalisation)* road sign
pansement dressing; *(adhésif) (Br)* Elastoplast®, *(Am)* Band-Aid®
pantalon *(Br)* trousers, *(Am)* pants
papier paper
papier à cigarette cigarette paper
papier alu tinfoil
papier cadeau gift wrap
papiers d'identité identity papers
papier toilette toilet paper
Pâques Easter; **joyeuses Pâques !** Happy Easter!
paquet packet; *(de cigarettes) (Br)* packet, *(Am)* pack
paraître: il paraît que ... it seems that...
par by **102**; **une fois par jour/ heure** once a day / an hour
parapluie umbrella
parasol beach umbrella
parc park
parc d'attractions theme park
parce que because
pardon *(je suis désolé)* sorry; *(pour attirer l'attention)* excuse me
pare-brise *(Br)* windscreen, *(Am)* windshield
pare-chocs bumper
pareil same
parents parents
parfum *(cosmétique)* perfume; *(arôme) (Br)* flavour, *(Am)* flavor
parking *(Br)* car park, *(Am)* parking lot
parler to speak **10**, **107**
parmi among
partager to share **46**
partie part; **faire partie de** to be a part of
partir to leave **27**; **à partir de ...** from...
partout everywhere
pas: ne ... pas not **37**; **pas du tout** not at all *(voir grammaire)*
passage: être de passage to be passing through **16**
passager passenger
passé past
passeport passport **35**
passer *(du temps)* to spend **113**; **je suis passé vers 6h** I came by around 6 o'clock; **passer chercher quelqu'un** to go and pick someone up **63**; **passer un coup de téléphone** to make a phone call
pâtisserie *(gâteau)* cake; *(magasin)* cake shop
patron boss
pauvre poor
payant: l'entrée est payante there's a charge for admission
payer to pay **49**

pays country
paysage *(site)* landscape; *(vue)* scenery
Pays-Bas Netherlands
PCV *(Br)* reverse-charge call, *(Am)* collect call **96**
péage toll
peau skin
pêcher to fish
peigne comb
peine: à peine hardly **10**; **ça vaut la peine** it's worth it
peler to peel
pellicule *(photographique)* film **85**, **86**
pendant during; **pendant une heure** for an hour; **pendant que** while
penser to think **84**; **penser à** to think about
pension complète full board
perdre to lose **107**; **se perdre** to get lost **12**; **être perdu** to be lost **12**; **perdre du temps** to waste time
père father
périmé out of date
permettre to allow
permis de conduire *(Br)* driving licence, *(Am)* driver's license **31**
personne *(n)* person, people **35**, **73**
personne *(pronom)* nobody
petit small, little; **petit à petit** little by little
petit-déjeuner breakfast
peu *(avec un verbe)* not much; *(avec un adjectif)* not very; *(un petit nombre)* few; **peu de** *(nombre)* few, not many; *(quantité)* little, not much; **un peu** a little **82**; **un peu de vin** a little wine; **à peu près** *(presque)* almost; *(environ)* around **11**
peur fear; **avoir peur (de)** to be scared (of)
peut-être maybe, perhaps
phare *(de véhicule)* headlight
pharmacie *(Br)* chemist, *(Am)* drugstore
pharmacie de garde *(Br)* duty chemist, *(Am)* duty drugstore
photo photo; **prendre quelqu'un en photo** to take someone's photo **85**; **prendre une/des photo(s)** to take a photo/photos **85**
photocopie photocopy; **faire une photocopie** to make a photocopy
pièce *(monnaie)* coin; *(lieu)* room
pièce de rechange spare part
pièce de théâtre play
pied foot; **aller à pied** to walk, to go on foot **13**
pierre stone
piéton pedestrian; **rue piétonne** pedestrianized street
pile battery **86**; **3h pile** three o'clock on the dot
pilule pill; **prendre la pilule** to be on the pill **103**
pilule du lendemain morning-after pill
pipe pipe
pipi pee; **faire pipi** to pee
pique-nique picnic
pique-niquer to have a picnic
piquer to sting; **se faire piquer (par)** to get stung (by) **102**
piqûre *(injection)* injection; *(d'insecte)* sting
pire worse; **c'est pire (que)** it's worse (than)
piscine swimming pool
piste cyclable cycle path **75**
place *(siège)* seat **24**; *(lieu public)* square; **il n'y a plus de place** there's no more room; **sur place** on the spot
place de parking parking space
plage beach
plaie wound
plaindre (se) to complain
plaire to please; **s'il te/vous plaît** please; **ça me plaît** I like it
plan *(carte)* map **12**

planche à voile *(sport)* windsurfing
planche de surf surfboard
plante plant
plaque électrique hotplate
plat *(n)* dish
plat *(adj)* flat
plat de résistance main course
plat du jour today's special, dish of the day **46**
plâtre: avoir un plâtre to be wearing a plaster (cast)
plein full; **plein de** full of; **faire le plein** *(d'essence)* *(Br)* to fill up with petrol, *(Am)* to fill up with gas **29**
pleuvoir: il pleut it's raining
plombage filling **103**
plombier plumber
plongée (sous-marine) (scuba) diving; **faire de la plongée** to go diving **76**
pluie rain
plupart: la plupart most; **la plupart des gens** most people
plus more **47**, **82**; **il n'y a plus de ...** *(nombre)* there are no more...; *(quantité)* there's no more...; **il ne me reste plus que 2 jours** I have only 2 days left; **ce que j'ai le plus aimé** what I liked most
plusieurs several
plutôt rather
pneu *(Br)* tyre, *(Am)* tire
poêle frying pan
poignet wrist
poil hair
point point; **être sur le point de faire** to be about to do; **à point** *(viande)* medium
pointure size
poisson fish
poissonnerie fish shop, *(Br)* fishmonger's
poitrine chest
police police
policier policeman, police officer
pommade ointment
pompe à vélo bicycle pump
pompiers *(Br)* fire brigade, *(Am)* fire department
pont bridge
port port
portable *(téléphone)* *(Br)* mobile, *(Am)* cellphone **96**; *(ordinateur)* laptop
porte door; *(d'aéroport)* gate **26**
portefeuille *(Br)* wallet, *(Am)* billfold
porte-monnaie *(Br)* purse, *(Am)* change purse
porter to carry; *(vêtement)* to wear
portrait portrait
Portugais Portuguese person
portugais Portuguese
Portugal Portugal
possible possible **34**; **le plus tôt possible** as soon as possible
poste *(service)* mail, *(Br)* post; *(lieu)* post office **90**
poste restante *(Br)* poste restante, *(Am)* general delivery
potable: eau potable drinking water; **eau non potable** non-drinking water
pot d'échappement *(Br)* exhaust (pipe), *(Am)* tail pipe
poubelle *(Br)* (dust)bin, *(Am)* garbage can **41**; **mettre à la poubelle** to throw out
poudre powder **105**
poumon lung
pour for **16**, **17**, **30**, **34**; **pour que** so that; **pour cent** percent
pourboire tip
pourquoi why
pousser to push
poussette *(Br)* pushchair, *(Am)* stroller
pouvoir to be able to; **je ne peux pas** I can't; **on peut y aller demain** we can go tomorrow
pratique practical

précédent previous
préféré *(Br)* favourite, *(Am)* favorite
préférer to prefer
premier first
prendre *(avion, médicament)* to take **104**; **ça prend 2 heures** it takes 2 hours
prénom first name
préparer to prepare
près near; **(tout) près de** (right) beside
présenter to introduce; **je te présente ...** this is...
préservatif condom
presque almost **115**
pressé: être pressé to be in a hurry **111**
pressing dry cleaner's
pression *(bière)* (draught) beer; *(d'un pneu)* pressure
prêt ready; **être prêt à** to be ready to
prêter to lend **41**
prévenir to warn
prévisions météo weather forecast
prévoir *(activité)* to plan **62**; *(temps)* to forecast **21**
prier: je t'/vous en prie *(il n'y a pas de quoi)* you're welcome
principal main
printemps spring
prise *(femelle)* *(Br)* socket, *(Am)* outlet **37**; *(mâle)* plug
privé private
prix price **86**
probablement probably
problème problem
prochain next **27**; **à une prochaine !** see you (soon)!
proche near; **le plus proche** the nearest **107**
produit product **82**, **84**
profession profession
profiter de to make the most of
profond deep
programme *(de télé, des spectacles)* *(Br)* programme, *(Am)* program
promener (se) to walk; **aller se promener** to go for a walk
promettre to promise
proposer to propose, to suggest
propre clean; *(particulier)* own
propriétaire owner
protéger to protect; **se protéger** to protect oneself
prudent careful
public *(n)* public
public *(adj)* public
puisque since
pull sweater, *(Br)* jumper
pyjama (pair of) pyjamas

Q

quai *(de gare, de métro)* platform; *(de port)* quay **27**
qualité quality; **de bonne qualité** good-quality
quand when **8**; **quand même** all the same
quart quarter **115**; **un quart d'heure** a quarter of an hour **116**
quartier area
que that; **ne ... que** only; **que veux-tu ?** what do you want?; **qu'est-ce que ... ?** what...?; **plus petit que** smaller than; **je pense que ...** I think (that)...
quel what, which **27**
quelque chose something **84**
quelquefois sometimes
quelque part somewhere
quelques some
quelques-uns some
quelqu'un someone, somebody **107**
question question
queue *(file)* *(Br)* queue, *(Am)* line **71**; **faire la queue** *(Br)* to queue (up), *(Am)* to stand in line
qui who

quitter to leave; **ne quittez pas** hold on
quoi what; **il n'y a pas de quoi** you're welcome
quoique although

R

rabais: faire un rabais à quelqu'un to give someone a discount
raccourci short cut
raconter to tell
radiateur radiator
radio *(transistor)* radio; *(rayons X)* X-ray
rage de dents severe toothache
randonnée hiking **74**; *(en montagne)* hill-walking; **faire de la randonnée** to go hiking; *(en montagne)* to go hill-walking
ranger to tidy
rapide quick
rappeler *(au téléphone)* to call back **98**; **se rappeler** to remember; **ça me rappelle ...** it reminds me of...
raquette racket
rare rare
rarement rarely
raser (se) to shave
rasoir razor
rasoir électrique electric shaver **37**
rater *(train, avion)* to miss **25**, **28**
ravi delighted; **ravi de faire votre connaissance** pleased to meet you
rayon *(d'un magasin)* department **83**
rayons X X-rays
réception *(d'un hôtel)* reception; *(sur portable)* signal **99**; **à la réception** at reception **39**
réceptionniste receptionist
recette recipe
recevoir to receive, to get; **je te reçois très mal** *(sur portable)* the signal's very bad
rechange: ... de rechange spare... **40**
recharger *(portable)* to recharge **99**
recommandé: en recommandé registered
recommander to recommend **36**, **46**, **71**
reconnaître to recognize
reçu receipt **80**
réduction reduction
réfléchir to think **83**
réfrigérateur refrigerator, *(Br)* fridge
refuge de montagne mountain hut
refuser to refuse
regarder to look at, to watch **83**
régime diet; **être au régime** to be on a diet
région area; **dans la région** in the area
règles periods; **avoir ses règles** to be having one's period
rein kidney
rejoindre to meet **62**, **63**
remarquer to notice
rembourser to refund; **se faire rembourser** to get a refund
remercier to thank
remontée mécanique ski lift
remplir to fill; *(formulaire)* to fill in, to fill out **109**
rencontrer to meet; **se rencontrer** to meet (each other)
rendez-vous appointment; *(amoureux)* date; **prendre un rendez-vous** to make an appointment **101**; **se donner rendez-vous** to arrange to meet; **avoir rendez-vous (avec)** to meet; *(professionnel, médical)* to have an appointment (with) **102**
rendre to give back
renseignement information **68**; **les renseignements** *(Br)* directory enquiries, *(Am)* information
rentrer *(à la maison)* to go home
renverser to knock over; **se faire**

renverser to get knocked over
réparer to repair **30**; **faire réparer** to get repaired
repas meal
repasser *(vêtement)* to iron
repère: point de repère landmark
répéter to repeat **10**
répondeur answering machine
répondre to answer; **ça ne répond pas** there's no answer
réponse answer
reposer (se) to rest
réservé reserved
réserver to reserve, to book **34**, **35**, **45**, **64**
ressembler à to look like; **se ressembler** to look like each other
restaurant restaurant
reste rest; **le reste** the rest
rester to stay **113**, **114**; **est-ce qu'il reste des places ?** are there any tickets left?
retard delay; **en retard** late **25**, **111**
retardé delayed
retirer *(de l'argent)* to withdraw
retour return; **être de retour** to be back **97**
retrait des bagages baggage reclaim
retrouver (se) *(se rencontrer)* to meet **62**
réveil alarm clock **116**
réveiller to wake up; **se réveiller** to wake up
revenir to come back
rêver to dream
revoir: au revoir goodbye
revoir (se) to see each other again **66**
revue magazine
rez-de-chaussée *(Br)* ground floor, *(Am)* first floor
rhumatismes rheumatism
rhume cold **113**
rhume des foins hay fever
riche rich
rien nothing; **ne ... rien** nothing, not... anything **37**
rigoler *(rire)* to laugh; *(s'amuser)* to have a laugh; *(plaisanter)* to joke
rire to laugh
risque risk
risquer: il risque de pleuvoir it might rain
rivière river
robe dress
robinet *(Br)* tap, *(Am)* faucet
robinet d'arrêt stopcock
rocher rock
rollers rollerblades
roman *(n)* novel
rond-point *(Br)* roundabout, *(Am)* traffic circle
rose *(couleur)* pink
roue wheel
roue de secours spare wheel, *(Br)* spare tyre, *(Am)* spare tire
rouge red
route road
rouvrir to reopen
Royaume-Uni United Kingdom
rue street
ruines ruins; **en ruines** in ruins

S

sa *(possesseur masculin)* his; *(possesseur féminin)* her
sable sand
sac bag
sac à dos backpack, *(Br)* rucksack
sac à main *(Br)* handbag, *(Am)* purse
sac de couchage sleeping bag
sac plastique plastic bag **79**
sac poubelle *(Br)* bin bag, *(Am)* garbage bag
saignant *(viande)* rare
saigner to bleed
saison season
sale dirty

salé *(additionné de sel)* salted; *(au goût)* salty; *(non sucré)* savoury
salir to (get) dirty; **se salir** to get dirty
salle room
salle de bains bathroom **34**
salle de cinéma auditorium
salle de concert concert hall
salon living room
salut ! *(bonjour)* hi!; *(au revoir)* bye!
samedi Saturday
sandales sandals
sang blood
sans without **48**
santé health; **être en bonne santé** to be in good health; **santé !** cheers!
sardine *(de tente)* tent peg
sauf except
sauvage wild
sauvegarder to save
savoir to know **79**; **sais-tu nager ?** can you swim?
savon soap
scooter scooter
scotch *(boisson)* scotch
scotch® *(adhésif)* *(Br)* Sellotape®, *(Am)* Scotch tape®
sec dry **48**
sèche-cheveux hairdrier
sécher to dry; **faire sécher** *(linge)* to dry
seconde second
secours help; **au secours !** help!; **appeler au secours** to call for help
sécurité security, safety; **en sécurité** secure, safe
sein breast
séjour stay
sel salt
semaine week **30**; **en semaine** during the week; **toute la semaine** all week
sens *(direction)* direction; *(signification)* sense; **avoir le sens de l'orientation** to have a good sense of direction; **avoir le sens de l'humour** to have a good sense of *(Br)* humour / *(Am)* humor; **avoir le sens de l'hospitalité** to be very hospitable
sensible sensitive
sentier path **74**
sentir *(percevoir)* to feel; *(dégager une odeur)* to smell; **sentir bon/ mauvais** to smell good/bad; **se sentir** to feel **102**; **se sentir bien/ mal** to feel good/ bad
séparer to separate; **se séparer** to split up
septembre September
sérieux serious
serré tight
serrure lock
serveur *(dans un bar)* *(Br)* barman, *(Am)* bartender; *(dans un restaurant)* waiter
serveuse *(dans un bar)* *(Br)* barmaid, *(Am)* bartender; *(dans un restaurant)* waitress
service *(pourboire)* tip; **rendre un service à quelqu'un** to do someone a *(Br)* favour / *(Am)* favor
serviette *(de toilette)* towel **38**; *(de table)* napkin
serviette en papier paper napkin
serviette hygiénique sanitary towel
servir à to be used for; **se servir de** to use
ses *(possesseur masculin)* his; *(possesseur féminin)* her
seul *(unique)* only; *(isolé)* alone; **un seul** just one; **voyager seul** to travel alone
seulement only
sexe sex
shampooing shampoo
shopping shopping; **aller faire du shopping** to go shopping
short (pair of) shorts
si *(tellement)* so; *(oui)* yes; *(exprime la condition)* if

siècle century; **au XIXe siècle** in the 19th century
sien: le sien *(possesseur masculin)* his; *(possesseur féminin)* hers; **la sienne** *(possesseur masculin)* his; *(possesseur féminin)* hers; **les siens/ siennes** *(possesseur masculin)* his; *(possesseur féminin)* hers
sieste nap; **faire la sieste** to have a nap **112**
signer to sign **81**
signifier to mean **11**
simple simple
sinon otherwise
sirop *(médicament)* syrup
site Internet website
ski *(matériel)* ski; *(activité)* skiing; **faire du ski** to go skiing **75**
ski nautique waterskiing
slip *(d'homme)* *(Br)* pants, *(Am)* shorts; *(de femme)* *(Br)* pants, *(Am)* panties
slip de bain swimming trunks
société *(entreprise)* company; *(communauté)* society
sœur sister
soif: avoir soif to be thirsty
soir evening; **ce soir** this evening, tonight; **le soir** in the evenings
soirée *(soir)* evening; *(fête)* party **66**; **dans la soirée** in the evening
sol *(dehors)* ground; *(à l'intérieur)* floor
soldes sales; **en solde** *(Br)* in the sale, *(Am)* on sale
soleil sun; **au soleil** in the sun
sommeil sleep; **avoir sommeil** to be sleepy
sommet summit
somnifère sleeping pill
son *(possesseur masculin)* his; *(possesseur féminin)* her
sortie exit, way out; *(d'autoroute)* exit
sortie de secours emergency exit
sortir to go out **97**; *(film)* to come out; **sortir avec quelqu'un** to go out with someone; **sortir les poubelles** *(Br)* to take the rubbish out, *(Am)* to take the garbage out **40**
souci worry; **se faire du souci (pour)** to worry (about)
souffrir to suffer
souhait wish; **à tes/ vos souhaits!** bless you!
soûl drunk
sourd deaf
sourire *(n)* smile
sourire *(v)* to smile
souris mouse
sous under
sous-titré subtitled
sous-vêtements underwear
soutien-gorge bra
souvenir *(n)* memory; *(objet)* souvenir; **en souvenir de** in memory of
souvenir: *(v)* **se souvenir (de)** to remember
souvent often ; **pas souvent** seldom
sparadrap *(Br)* sticking plaster, *(Am)* adhesive tape
spécial special
spécialité *(Br)* speciality, *(Am)* specialty
spectacle show **64**
sport sport
sportif *(personne)* sporty **73**
stade stadium
stage: stage de voile/ d'anglais sailing/ English classes
standardiste (switchboard) operator
station balnéaire seaside resort
station de métro *(Br)* underground station, *(Am)* subway station
station de ski ski resort
station-service *(Br)* petrol station, *(Am)* gas station **29**
stérilet coil
stop hitchhiking; **faire du stop** to hitchhike **31**
stylo pen
sucre sugar

sucré sweet
sud south; **au sud** in the south; **au sud de** (to the) south of
suffire to be enough; **ça suffit** that's enough; **il suffit d'appuyer sur ce bouton** you just have to press this button
suivant next
suivre to follow **13**, **107**; **faire suivre** to forward **91**
super *(n) (essence) (Br)* four-star petrol, *(Am)* premium gas
super *(adj)* great
supermarché supermarket **78**
supplément supplement
supplémentaire extra **37**
supporter *(tolérer)* to put up with
sur on
sûr sure; **bien sûr** of course
surf surfing; **faire du surf** to go surfing
surprise surprise
surveiller to look after **108**
sympa nice **20**
syncope blackout **103**

T

ta your
tabac *(à fumer)* tobacco; *(magasin) (Br)* tobacconist's, *(Am)* tobacco store
table table
tableau *(d'art)* painting
tache stain
taie d'oreiller pillowcase
taille *(grandeur)* size **83**; *(partie du corps)* waist
tampon *(hygiénique)* tampon
tante aunt
tant pis too bad
taper *(à l'ordinateur)* to type
tapis rug
tapis de sol ground sheet
tard late **63**; **à plus tard !** see you later!
tarif price, *(de transport)* fare; **plein tarif** full price **70**; *(de transport)* full fare; **tarif réduit** concession **70**; *(de transport)* discount fare
tarte *(Br)* tart, *(Am)* pie
tasse cup
taux de change exchange rate
taxe tax; **hors taxes** tax-free
taxe d'aéroport airport tax
taxi taxi **30**
te you
tee-shirt T-shirt
téléphone telephone **61**
téléphone portable *(Br)* mobile phone, *(Am)* cellphone **99**
téléphoner (à) to (tele)phone
télésiège chairlift
télévision television
température temperature; **prendre sa température** to take one's temperature
tempête storm
temple temple; *(protestant)* church
temporaire temporary **70**
temps *(météo)* weather **21**; *(durée)* time; **de temps en temps** from time to time; **tout le temps** all the time; **ces derniers temps** lately; **avoir le temps de** to have (the) time to **111**
tenir to hold
tennis *(sport)* tennis; *(chaussure)* tennis shoe
tension blood pressure
tente tent **41**
terminal terminal
terrain de camping campsite
terrain de golf golf course
terrain de sports sports ground
terrain de tennis tennis court **76**
terrasse *(balcon)* terrace; *(d'un café, d'un restaurant) (Br)* pavement area; *(Am)* sidewalk area; **en terrasse** outside

terre *(matière)* earth; **par terre** *(dehors)* on the ground; *(à l'intérieur)* on the floor; **la Terre** Earth
tes your
tête head
théâtre *(Br)* theatre, *(Am)* theater
thermomètre thermometer
thermos® *(Br)* Thermos® flask, *(Am)* Thermos® bottle
ticket ticket **63**
ticket de caisse receipt
tiède lukewarm
tien: le tien/ la tienne yours; **les tiens/ tiennes** yours
timbre stamp **91**
timide shy
tire-bouchon corkscrew
tire-fesses T-bar
tirer to pull
tissu material
toi you
toilettes *(Br)* toilet, *(Am)* rest room **9**; **toilettes pour hommes** *(Br)* gents', *(Am)* men's room; **toilettes pour femmes** *(Br)* ladies', *(Am)* ladies' room; **affaires de toilette** toiletries
tomber to fall; **tomber malade** to fall ill
ton your
tongs *(Br)* flip-flops, *(Am)* thongs
torchon dish towel
tôt early **111**, **112**
toucher to touch
toujours always; *(encore)* still
touriste tourist
touristique tourist **71**
tournée: c'est ma tournée it's my round
tourner to turn
tous all; **tous les deux** both; **tous les jours** every day
tousser to cough
tout all, everything; **tout le temps** all the time; **tout le monde** everybody; **toute la journée** all day; **tout de suite** right away; **tout droit** straight ahead
toutes *voir* **tous**
toux cough **105**; **avoir de la toux** to have a cough
traditionnel traditional
traduire to translate
train train **26**, **27**, **28**
traiteur deli
tramway *(Br)* tram, *(Am)* streetcar
tranche slice **81**
tranquille quiet
transpirer to sweat
travail work, job
travailler to work **15**; **travailler dans** to work in **15**
travaux works
traveller's cheque *(Br)* travellers cheque, *(Am)* travelers check
travers: à travers across
traverser *(rue)* to cross
très very **44**
tromper (se) to make a mistake
trop *(suivi d'un adjectif ou adverbe)* too **44**; *(quantité)* too much **44**; *(nombre)* too many; **trop de** *(quantité)* too much; *(nombre)* too many
trou hole
trousse de toilette toilet bag
trouver to find; **trouver quelque chose difficile** to find something difficult **11**
truc thing
tu you
tuer to kill
tupperware® Tupperware®
TVA *(Br)* VAT, *(Am)* sales tax
type *(sorte)* type **65**; *(homme)* guy

U

un(e) *(article)* a; *(devant voyelle ou h muet)* an; *(nombre)* one

Union européenne European Union
université university
urgence emergency; **en cas d'urgence** in an emergency; **appeler les urgences** to call the emergency services
urgent urgent **107**
utile useful
utiliser to use

V

vacances *(Br)* holiday(s), *(Am)* vacation; **en vacances** *(Br)* on holiday, *(Am)* on vacation **17**
vacciner: être vacciné contre to be vaccinated against **104**
vague wave
vaisselle: faire la vaisselle to do the dishes
valable (pour) valid (for)
validité: en cours de validité valid
valise suitcase; **faire ses valises** to pack one's bags
vallée valley
valoir to be worth; **ça vaut ...** *(somme)* it's worth...; **il vaut mieux ...** it's better to... **20**
végétarien vegetarian
vélo bike
vendeur *(Br)* shop assistant, *(Am)* (sales)clerk
vendeuse *(Br)* shop assistant, *(Am)* (sales)clerk
vendre to sell; **à vendre** for sale
vendredi Friday
venir to come **15**, **16**, **17**; **je viens de Paris** I come from Paris; **je viens d'arriver** I've just arrived
vent wind
ventilateur fan
ventre stomach
vérifier to check
verre glass; **verre d'eau/ de vin** glass of water/ of wine; **prendre un verre** to have a drink
verrou lock
vers *(en direction de)* towards; *(environ)* around
version: en version originale in the original language
vert green
veste jacket
vestiaire cloakroom
vêtement piece of clothing; **des vêtements** clothes
vide empty
vie life
vieux old
villa villa
village village
ville town; *(grande ville)* city; **vieille ville** old town
vin wine **48**; **vin blanc/ rouge/ rosé** white/ red/ rosé wine
viol rape
violet purple
virement *(bancaire)* transfer
visa visa
visite visit; **rendre visite à** to visit
visite guidée guided tour **70**
visiter to visit **16**, **17**, **68**
vite fast, quickly **12**
vitesse speed
vitraux stained-glass windows
vitre window
vitrine: en vitrine in the window **83**
vivant living, alive
vivre to live
vœux: meilleurs vœux best wishes
voici *(avec singulier)* here is; *(avec pluriel)* here are
voilà *(avec singulier)* there is; *(avec pluriel)* there are
voile *(de bateau)* sail; *(activité)* sailing **76**; **faire de la voile** to go sailing
voir to see **64**
voisin *(Br)* neighbour, *(Am)* neighbor

voiture car **30**; *(d'un train) (Br)* coach, *(Am)* car; **en voiture** by car
voix voice; **à voix haute** aloud; **à voix basse** in a low voice
vol *(criminel)* theft; *(d'avion)* flight **25**
voler *(dérober)* to steal **107**; *(dans l'air)* to fly
voleur thief
volley(-ball) volleyball
vomir to vomit; **avoir envie de vomir** to feel sick
vos your
votre your
vôtre: le/la vôtre yours; **les vôtres** yours
vouloir to want; **vouloir dire** to mean **11**; **je voudrais ...** I'd like...
vous you
voyage journey, trip **24**; **bon voyage !** have a good trip!
voyage de noces honeymoon **16**
voyage organisé package holiday
voyager to travel
voyelle vowel
vrai *(indéniable)* true; *(réel)* real
vraiment really
VTC hybrid
VTT mountain bike
vue view; **vue sur mer** sea view

WYZ

Walkman® personal stereo, Walkman®
WC toilet
week-end weekend

y there **13**
yeux eyes

zéro zero
zoo zoo
zoom zoom (lens)

DICTIONNAIRE

ANGLAIS / FRANÇAIS

A

a un, une
abbey abbaye
able: to be able to pouvoir
about environ; **to be about to do** être sur le point de faire
above au-dessus (de), dessus
abroad à l'étranger
accept accepter
access accès
accident accident
accommodation *(Br)* logement
accommodations *(Am)* logement
acknowledgement of receipt accusé de réception
across à travers
adaptor adaptateur
address adresse
addressee destinataire
adhesive tape *(Am)* sparadrap
admission entrée
advance: in advance à l'avance
advice conseils; **to ask someone's advice** demander conseil à quelqu'un
advise conseiller
aeroplane *(Br)* avion
affordable abordable
after après; *(Am)* **a quarter after ten** dix heures et quart
afternoon après-midi
after-sun (lotion) lait après-soleil
again encore, à nouveau
against contre
age âge
air air
airbed matelas pneumatique
air conditioning climatisation
airline compagnie aérienne
airmail par avion
airplane *(Am)* avion
airport aéroport
airport tax taxe d'aéroport
alarm clock réveil
alcohol alcool
alive vivant
all tout; **all day** toute la journée; **all week** toute la semaine; **all the best!** bonne continuation !; **all the better** tant mieux; **all the same** quand même; **all the time** tout le temps; **all inclusive** tout compris
allergic allergique
almost à peu près, presque
already déjà
also aussi
although quoique, bien que
always toujours
ambulance ambulance
American *(n)* Américain(e)
American *(adj)* américain
among parmi
anaesthetic *(Br)* anesthésie
and et
anesthetic *(Am)* anesthésie
animal animal
ankle cheville
anniversary anniversaire

another un(e) autre
answer *(n)* réponse
answer *(v)* répondre
answering machine répondeur
ant fourmi
antibiotic antibiotique
anybody, anyone n'importe qui
anything n'importe quoi
anyway d'ailleurs, de toute façon
apartment *(Am)* appartement
apartment block *(Am)* immeuble
appendicitis appendicite
appointment rendez-vous; **to make an appointment** prendre un rendez-vous; **to have an appointment (with)** avoir rendez-vous (avec)
April avril
area quartier, région; **in the area** dans la région
arm bras
around à peu près, vers
arrange arranger; **to arrange to meet** se donner rendez-vous
arrival arrivée
arrive arriver
art art
artist artiste
as comme; **as soon as possible** le plus tôt possible; **as soon as** dès que; **as well as** aussi bien que
ashamed: to be ashamed avoir honte
ashtray cendrier
ask demander; **to ask a question** poser une question
aspirin aspirine
asthma asthme
at à
ATM *(Am)* distributeur (automatique de billets)
attack agresser
auditorium salle de cinéma
August août
autumn *(Br)* automne
available libre, disponible
avenue avenue
away: 2 km away à 2 km

B

baby bébé
baby's bottle biberon
babysitter baby-sitter
back dos; **at the back of** au fond de; **to be back** être de retour
backpack sac à dos
bad mauvais, mal; **it's not bad** c'est pas mal
bag sac
baggage bagages
baggage reclaim retrait des bagages
bake cuire
baker's boulangerie
balcony balcon
bandage bandage
Band-Aid® *(Am)* pansement
bank banque
bank account compte bancaire
banknote *(Br)* billet
bar bar
barbecue barbecue
bath bain; **to have a bath** prendre un bain
bathroom salle de bains
bath towel serviette de bain
battery batterie, pile
be être
beach plage
beach umbrella parasol
beard barbe
beautiful beau
because parce que; **because of** à cause de
bed lit; **to go to bed** se coucher
bee abeille
before avant; **before doing** avant de faire
begin commencer

beginner débutant(e)
beginning début; **at the beginning** au début; **at the beginning of** en début de
behind derrière
Belgian *(n)* Belge
Belgian *(adj)* belge
Belgium Belgique
believe croire
below en dessous (de)
beside à côté de
best meilleur; **the best** le (la) meilleur(e); **best wishes** meilleurs vœux
better *(adj)* mieux; **better than...** mieux que ...; **to get better** améliorer, guérir; **it's better to...** il vaut mieux ...
better *(adv)* meilleur; **better than...** meilleur que ...
between entre
bicycle bicyclette
bicycle pump pompe à vélo
big grand, gros
bike vélo
bill facture, *(Br)* addition, note, *(Am)* billet *(de banque)*
billfold *(Am)* portefeuille
bin *(Br)* poubelle
binoculars jumelles
birthday anniversaire
bit bout, morceau
bite *(n)* morsure
bite *(v)* mordre
black noir; **black and white** noir et blanc
blackout syncope
blanket couverture
bleed saigner
bless: bless you! à tes/vos souhaits !
blind aveugle
blister ampoule
blond blond
blood sang
blood pressure tension
blue bleu
board embarquer
boarding embarquement
boat bateau
body corps
book *(n)* livre; **book of tickets** carnet de tickets
book *(v)* réserver
bookshop *(Br)* librairie
bookstore *(Am)* librairie
boot botte, *(Br)* coffre
borrow emprunter
boss chef, patron
both tous les deux
bottle bouteille, biberon
bottle opener décapsuleur, ouvre-bouteilles
bottom fond, fesses; **at the bottom** en bas; **at the bottom of** au fond de
bowl bol
boxer shorts caleçon
bra soutien-gorge
brake *(n)* frein
brake *(v)* freiner
bread pain
break casser; **to break one's leg** se casser la jambe
break down tomber en panne
breakdown panne
breakdown service service de dépannage
breakfast petit déjeuner; **to have breakfast** prendre le petit déjeuner
bridge pont
bring apporter, amener
brochure brochure
broken cassé
bronchitis bronchite
brother frère
brown marron
brush brosse
build construire
building bâtiment
bump bosse

bumper pare-chocs
buoy bouée
burn *(n)* brûlure
burn *(v)* brûler; **to burn oneself** se brûler
burst *(v)* crever
burst *(adj)* crevé
bus (auto)bus, car
business affaires
business card carte de visite
business class classe affaires
bus route ligne de bus
bus station gare routière
bus stop arrêt de bus
busy animé, occupé
but mais
butcher's boucherie
buy acheter
by par; **by car** en voiture; **by the way...** au fait, ...
bye! salut !

C

café café
call *(n)* appel
call *(v)* appeler; **to be called** s'appeler
call back rappeler
camera appareil photo, caméra
camper camping-car
camping camping; **to go camping** faire du camping
camping stove camping-gaz®
campsite (terrain de) camping
can *(n)* boîte (de conserve)
can *(v)* pouvoir; **can you swim?** est-ce que tu sais nager ?; **I can't** je ne peux pas
can opener ouvre-boîtes
cancel annuler
candle bougie
car voiture; **by car** en voiture
caravan caravane
card carte
cardiac arrest crise cardiaque
car park *(Br)* parking
carry porter
cart *(Am)* Caddie®
case: in case of... en cas de ...
cash liquide; **to pay cash** payer en liquide
cashpoint *(Br)* distributeur (automatique de billets)
castle château
catch attraper
cathedral cathédrale
cavity: to have a cavity avoir une carie
CD CD
cellphone *(Am)* téléphone portable
cemetery cimetière
center *(Am)* centre
centimeter *(Am)* centimètre
centimetre *(Br)* centimètre
centre *(Br)* centre
century siècle
chair chaise
chairlift télésiège
chairman président
chairperson président(e)
chairwoman présidente
chance hasard; **by chance** par hasard
change *(n)* changement, monnaie
change *(v)* changer
change purse *(Am)* porte-monnaie
changing room cabine d'essayage
channel chaîne
chapel chapelle
charge recharger
cheap bon marché
check *(n)* *(Am)* addition, note, chèque
check *(v)* vérifier
check in enregistrer
check-in enregistrement
checkout caisse
checkroom *(Am)* consigne
cheers! santé !
chemist's *(Br)* pharmacie

cheque *(Br)* chèque
chest poitrine
child enfant; **children** des enfants
chilly frais
chimney cheminée
chin menton
chinese chinois
Christmas Noël
church église, temple
cigar cigare
cigarette cigarette
cigarette paper papier à cigarette
cinema *(Br)* cinéma
circus cirque
city ville
city hall *(Am)* hôtel de ville, mairie
class cours, classe
classic classique
classical classique
clean *(adj)* propre
clean *(v)* nettoyer; **to clean one's teeth** se laver les dents
clementine clémentine
clerk *(Am)* vendeur(euse)
cliff falaise
climate climat
climbing escalade
cloakroom vestiaire
close *(adv)* près
close *(v)* fermer
closed fermé
closing fermeture
closing time heure de fermeture
clothes vêtements
clutch embrayage
coach *(Br)* voiture
coast côte
coathanger cintre
cockroach cafard
code code
coffee café
coil stérilet
coin pièce
Coke® Coca®
cold *(n)* rhume; **to have a cold** être enrhumé
cold *(adj)* frais, froid; **it's cold** il fait froid; **I'm cold** j'ai froid
collect call *(Am)* PCV
collection levée
color *(Am)* couleur
colour *(Br)* couleur
comb peigne
come venir
come back revenir
come in entrer
come out sortir
comfortable à l'aise, confortable
comic strip bande dessinée
company société
compartment compartiment
complain se plaindre
comprehensive insurance assurance tous risques
computer ordinateur
concert concert
concert hall salle de concert
concession tarif réduit
condom préservatif
conference conférence
confirm confirmer
congratulations! félicitations !
connection correspondance
constipated constipé
consulate consulat
contact *(n)* contact
contact *(v)* contacter
contact lenses lentilles
contagious contagieux
contemporary contemporain
contraceptive contraceptif
cook cuire
cooked cuit
cooking cuisine; **to do the cooking** faire la cuisine
cool branché
corkscrew tire-bouchon
corn maïs

correct correct
cost *(n)* coût
cost *(v)* coûter
cotton coton
cotton bud *(Br)* coton-tige®
cotton wool coton
couchette couchette
cough *(n)* toux; **to have a cough** avoir de la toux
cough *(v)* tousser
count compter
count on compter sur
country pays, campagne
countryside campagne
course: of course bien sûr
cover *(n)* couverture
cover *(v)* couvrir
credit card carte de crédit
crisis crise
cross *(n)* croix
cross *(v)* traverser
cruise croisière
cry pleurer
cup tasse
currency devise
customs douane
cut couper; **to cut oneself** se couper
cycle path piste cyclable

D

damaged abîmé
damp humide
dance *(n)* danse
dance *(v)* danser
dangerous dangereux
dark foncé; **dark blue** bleu foncé
date *(n)* date, rendez-vous; **out of date** périmé; **what's today's date?** on est le combien ?
date (from) *(v)* dater (de)
date of birth date de naissance
daughter fille
daughter-in-law belle-fille
day jour, journée; **the day after tomorrow** après-demain; **the day before yesterday** avant-hier
dead mort
deaf sourd
dear cher
debit card Carte Bleue®
December décembre
declare déclarer
deep profond
degree degré
delay retard
delayed retardé
deli traiteur
dentist dentiste
deodorant déodorant
department rayon
department store grand magasin
departure départ
depend: that depends (on) ça dépend (de)
deposit caution
desert désert
dessert dessert
develop: to get a film developed faire développer une pellicule
diabetes diabète
dialing code *(Am)* indicatif
dialling code *(Br)* indicatif
diaper *(Am)* couche
diarrhea: *(Am)* **to have diarrhea** avoir la diarrhée
diarrhoea: *(Br)* **to have diarrhoea** avoir la diarrhée
dice dé
die mourir
diesel diesel
diet régime; **to be on a diet** être au régime
different (from) différent (de)
difficult difficile
dinner dîner; **to have dinner** dîner
direct direct
direction direction, sens; **to have a**

good sense of direction avoir le sens de l'orientation
directory annuaire
directory enquiries *(Br)* les renseignements
dirty *(adj)* sale; **to get dirty** se salir
dirty *(v)* salir
disabled handicapé
disappointed déçu
disaster catastrophe
disco discothèque
discount rabais; **to give someone a discount** faire un rabais à quelqu'un
discount fare tarif réduit
dish plat; **dish of the day** plat du jour
dishes vaisselle; **to do the dishes** faire la vaisselle
dish towel torchon
dishwasher lave-vaisselle
disinfect désinfecter
disposable jetable
disturb déranger
dive plonger
diving: to go diving faire de la plongée
do faire; **do you speak French?** vous parlez français ?
doctor docteur, médecin
door porte
door code code d'entrée
downstairs en bas
downtown *(Am)* centre-ville
draught beer pression
dream *(n)* rêve
dream *(v)* rêver
dress: to get dressed s'habiller
dressing pansement, assaisonnement
drink *(n)* boisson, consommation; **to go for a drink** aller prendre un verre; **to have a drink** prendre un verre
drink *(v)* boire, consommer
drinking water eau potable
drive: *(n)* **to go for a drive** faire une balade (en voiture)
drive *(v)* conduire
driver's license *(Am)* permis de conduire
driving licence *(Br)* permis de conduire
drops gouttes
drown (se) noyer
drug drogue
drugstore *(Am)* pharmacie
drunk soûl
dry *(adj)* sec
dry *(v)* (faire) sécher
dry cleaner's pressing
duck canard
during pendant; **during the week** en semaine
dustbin *(Br)* poubelle
Dutch hollandais
duty chemist *(Br)* pharmacie de garde
duty drugstore *(Am)* pharmacie de garde

E

each chaque; **each one** chacun
ear oreille
early en avance, tôt
earplugs boules Quiès®
earrings boucles d'oreilles
Earth la Terre
earth terre
east est; **in the east** à l'est; **(to the) east of** à l'est de
Easter Pâques
easy (to) facile (à)
eat manger
economy class classe économique
egg œuf
egg yolk jaune d'œuf
Elastoplast® *(Br)* pansement
electric électrique
electricity électricité
electricity meter compteur électrique

electric shaver rasoir électrique
elevator *(Am)* ascenseur
e-mail address adresse électronique
embassy ambassade
emergency urgence; **in an emergency** en cas d'urgence
emergency exit sortie de secours
empty vide
end fin; **at the end of** en fin de, à la fin de; **at the end of the street** au bout de la rue
engaged *(Br)* occupé; **to be engaged** *(couple)* être fiancé
engine moteur
England Angleterre
English anglais
enjoy: enjoy your meal! bon appétit !; **to enjoy oneself** s'amuser
enough assez (de); **that's enough** ça suffit
entrance entrée
envelope enveloppe
epileptic épileptique
equipment matériel
espresso express
euro euro
Eurocheque eurochèque
Europe Europe
European européen
European Union Union européenne
evening soir, soirée; **in the evening** dans la soirée, **in the evenings** le soir
every tout; **every day** tous les jours
everybody, everyone tout le monde
everywhere partout
except sauf
exceptional exceptionnel
excess excédent
exchange échanger
exchange rate taux de change
excuse *(n)* excuse
excuse: *(v)* **excuse me** pardon, excusez-moi; **excuse me?** *(Am)* comment ?
exhaust *(Br)* pot d'échappement
exhausted épuisé
exhaust pipe *(Br)* pot d'échappement
exhibition exposition
exit sortie
expensive cher
expiry date date d'expiration
express *(adj)* express
express *(v)* exprimer; **to express oneself** s'exprimer
expresso express
extra supplémentaire
eye œil

F

face face
facecloth gant de toilette
fact fait; **in fact** en fait
faint s'évanouir
fair *(n)* foire
fair *(adj)* juste
fall *(n)* *(Am)* automne
fall *(v)* tomber; **to fall asleep** s'endormir; **to fall ill** tomber malade
family famille
family practitioner *(Am)* généraliste
fan ventilateur
far loin; **far from** loin de
fare tarif
fast vite
fast-food restaurant fast-food
fat gras
father père
faucet *(Am)* robinet
favor *(Am)* service; **to do someone a favor** rendre un service à quelqu'un
favorite *(Am)* préféré
favour *(Br)* service; **to do someone a favour** rendre un service à quelqu'un
favourite *(Br)* préféré
fax fax
February février

fed up: to be fed up (with) en avoir marre (de)
feel (se) sentir; **to feel good/ bad** se sentir bien/mal
feeling sentiment
feet pieds
ferry ferry
festival festival
fetch: to go and fetch someone/ something aller chercher quelqu'un/ quelque chose
fever fièvre; **to have a fever** avoir de la fièvre
few peu (de)
fiancé fiancé
fiancée fiancée
fight bagarre
fill remplir
fill in remplir
filling plombage
fill out remplir
fill up: to fill up with *(Br)* **petrol/** *(Am)* **gas** faire le plein (d'essence)
film pellicule, *(Br)* film
finally enfin, finalement
find trouver
fine *(n)* amende
fine *(adj)* fin; **I'm fine** ça va
finger doigt
finish finir
fire feu, incendie; **fire!** au feu !
fire brigade *(Br)* pompiers
fire department *(Am)* pompiers
fireplace cheminée
fireworks feux d'artifice
first premier; **first (of all)** d'abord
first class première classe
first floor *(Br)* premier étage, *(Am)* rez-de-chaussée
first name prénom
fish *(n)* poisson
fish *(v)* pêcher
fishmonger's *(Br)* poissonnerie
fish shop poissonnerie
fitting room cabine d'essayage
fizzy gazeux
flash flash
flasher *(Am)* clignotant
flashlight *(Am)* lampe de poche
flask gourde
flat *(n) (Br)* appartement
flat *(adj)* dégonflé, plat
flavor *(Am)* parfum
flavour *(Br)* parfum
flaw défaut
flight vol
flip-flops *(Br)* tongs
floor étage, sol; **on the floor** par terre
flu grippe
flush chasse d'eau
fly *(n)* mouche
fly *(v)* voler
folder *(pour documents)* chemise
food nourriture
food poisoning intoxication alimentaire
foot pied
for pour; **for an hour** pendant une heure
forbidden interdit
forecast prévoir
forehead front
foreign étranger
foreigner étranger
forest forêt
fork fourchette
former ancien
forward *(adj)* avant; **forward gear** marche avant
forward *(v)* faire suivre
four-star petrol *(Br)* super
fracture fracture
fragile fragile
France France
free gratuit, libre
freeway *(Am)* autoroute
freezer congélateur

French français
Friday vendredi
fridge *(Br)* Frigidaire®
fried frit; **fried egg** œuf sur le plat
friend ami(e), copain(ine)
fries frites
from (à partir) de; **from... to...** de ... à ...
front avant; **in front of** devant
front wheel roue avant
frozen food surgelés
fry (faire) frire
frying pan poêle
full complet, plein; **full of** plein de
full board pension complète
full fare, full price plein tarif
funfair fête foraine
fuse *(Br)* fusible
fuze *(Am)* fusible

G

gallery galerie
game jeu
garage garage
garbage *(Am)* ordures; **to take the garbage out** sortir les poubelles
garbage bag *(Am)* sac poubelle
garbage can *(Am)* poubelle
garden jardin
gas gaz, *(Am)* essence
gas cylinder bouteille de gaz
gas station *(Am)* station-service
gastric flu grippe intestinale
gate porte
gauze gaze
gearbox boîte de vitesses
gel gel
general général
general delivery *(Am)* poste restante
gents' (toilet) *(Br)* toilettes pour hommes
German *(n)* Allemand(e)
German *(adj)* allemand
Germany Allemagne
get recevoir, obtenir
get off descendre
get on: to get on well (with someone) bien s'entendre (avec quelqu'un)
get up se lever
gift wrap papier cadeau
girl fille
girlfriend petite amie
give donner, offrir
give back rendre
glass verre; **a glass of water/of wine** un verre d'eau/de vin
glasses lunettes
go aller; **to go to Paris/to France** aller à Paris/en France; **I'm going home** je rentre chez moi
go away (s'en) aller
go in entrer
go out sortir; **to go out with someone** sortir avec quelqu'un
go with accompagner
go without se passer de
golf golf
golf course terrain de golf
good bon, bien; **good luck!** bon courage !, bonne chance !; **good morning** bonjour; **good afternoon** bonjour; **good evening** bonsoir
goodbye au revoir
goodnight bonne nuit
goods marchandises
GP *(Br)* (= **general practitioner**) généraliste
grams grammes
grass herbe
gray *(Am)* gris
great super
Great Britain Grande-Bretagne
Greece Grèce
Greek *(n)* Grec (Grècque)
Greek *(adj)* grec
green vert
grey *(Br)* gris

grocer's épicerie
ground sol; **on the ground** par terre
ground floor *(Br)* rez-de-chaussée
ground meat *(Am)* viande hachée
ground sheet tapis de sol
grow grandir
guarantee garantie
guest invité
guest house chambre d'hôtes
guide guide
guidebook guide
guided tour visite guidée
gynaecologist *(Br)* gynécologue
gynecologist *(Am)* gynécologue

H

hair cheveux
hairdresser coiffeur
hairdrier sèche-cheveux
half demi, moitié; **half a litre/kilo** un demi-litre/-kilo; **half an hour** une demi-heure
half-board demi-pension
half-pint: a half-pint *(Br)* un demi
hand main
handbag *(Br)* sac à main
handbrake frein à main
handicapped handicapé
handkerchief mouchoir
hand luggage bagages à main
hand-made fait main
hangover gueule de bois
happen arriver
happy heureux; **happy birthday!** bon anniversaire !; **Happy Easter!** joyeuses Pâques !; **Happy New Year!** bonne année !
hard dur
hashish haschich
hat chapeau
hate détester
have avoir; **to have a headache/a sore throat/a sore stomach** avoir mal à la tête/à la gorge/au ventre
have to devoir
hay fever rhume des foins
he il
head tête
headlight phare
health santé
hear entendre
heart cœur
heart attack crise cardiaque
heat chaleur
heating chauffage
heavy lourd
hello bonjour, bonsoir, allô
helmet casque
help *(n)* aide, secours; **to call for help** appeler au secours; **help!** au secours !
help *(v)* aider
her la, lui, son, sa, ses
herbal tea tisane
here ici; **here is/are** voici
hers le sien, la sienne, les siens, les siennes
hi! salut !
hi-fi chaîne (hi-fi)
high haut
high blood pressure hypertension
high-heeled shoes, high heels chaussures à talons
high-rise *(Am)* tour
high school *(Am)* lycée
high tide marée haute
hiking randonnée; **to go hiking** faire de la randonnée
hill colline
hill-walking randonnée; **to go hill-walking** faire de la randonnée
him le, lui
himself lui-même
hip hanche
hire *(n)* *(Br)* location
hire *(v)* *(Br)* louer
his son, sa, ses, le sien, la sienne, les siens, les siennes

hitchhike faire du stop
hitchhiking stop
hit on *(Am)* draguer
hold tenir; **hold on** *(au téléphone)* ne quittez pas
holiday(s) *(Br)* vacances; **on holiday** en vacances
holiday camp *(Br)* colonie de vacances
Holland Hollande
home maison; **at home** à la maison, chez soi; **to go home** rentrer
homosexual homosexuel
honest honnête
honeymoon lune de miel
horse cheval
hospital hôpital
hot chaud; **it's hot** il fait chaud; **hot drinks** boissons chaudes
hot chocolate chocolat chaud
hotel hôtel
hotplate plaque électrique
hour heure; **an hour and a half** une heure et demie
house maison
housework ménage; **to do the housework** faire le ménage
how comment; **how are you?** ça va ?, comment allez-vous ?
humor *(Am)* humour; **to have a good sense of humor** avoir le sens de l'humour
humour *(Br)* humour; **to have a good sense of humour** avoir le sens de l'humour
hunger faim
hungry: to be hungry avoir faim
hurry: *(n)* **to be in a hurry** être pressé
hurry (up) *(v)* se dépêcher
hurt faire mal à; **my head hurts** j'ai mal à la tête
husband mari
hybrid *(vélo)* VTC

I

I je; **I'm French** je suis Français; **I'm 22 (years old)** j'ai 22 ans
ice glace
ice cube glaçon
identity card carte d'identité
identity papers papiers d'identité
if si; **if ever** si jamais
ill malade
illness maladie
important important
in dans, en; **in France/1995/English** en France/1995/anglais; **in the 19th century** au XIXe siècle; **in an hour** dans une heure
included compris
independent indépendant
indicator *(Br)* clignotant
infection infection
information renseignements, informations, *(Am) (au téléphone)* les renseignements
injection piqûre
injured blessé
inner tube chambre à air
insect insecte
insecticide insecticide
inside à l'intérieur, dedans
insomnia insomnie
instant coffee Nescafé®
instead of au lieu de
insurance assurance
intend: to intend to avoir l'intention de
intermission entracte
international international
international money order mandat international
Internet Internet
Internet café café Internet
interval entracte
invite inviter
iron *(n)* fer à repasser
iron *(v)* repasser

island île
it ce, il; **it's beautiful** c'est beau; **it's warm** il fait chaud
Italian *(n)* Italien(enne)
Italian *(adj)* italien
Italy Italie
itchy: it's itchy ça me démange
item article

J

jacket blouson, veste
January janvier
Japan Japon
Japanese japonais
jetlag décalage (horaire)
jeweller's *(Br)* bijouterie
jewellery *(Br)* bijoux
jewelry *(Am)* bijoux
jewelry shop *(Am)* bijouterie
job boulot
jogging jogging
journey voyage
jug carafe
juice jus
July juillet
jumper *(Br)* pull
June juin
just: just before/a little juste avant/un peu; **just one** un seul; **I've just arrived** je viens d'arriver; **just in case** au cas où

K

kayak kayak
keep garder
key clé
kidney rein, rognon
kill tuer
kilometer *(Am)* kilomètre
kilometre *(Br)* kilomètre
kind: what kind of...? quel genre de ... ?
kiss *(n)* bise
kiss *(v)* embrasser
kitchen cuisine
Kleenex® Kleenex®
knee genou
knife couteau
knock down renverser; **to get knocked down** se faire renverser
knock over renverser; **to get knocked over** se faire renverser
know connaître, savoir

L

ladies' room *(Am)* toilettes pour femmes
ladies' (toilet) *(Br)* toilettes pour femmes
lake lac
lamp lampe
landmark point de repère
landscape paysage
language langue
laptop (ordinateur) portable
last *(adj)* dernier; **last year** l'année dernière
last *(v)* durer
late en retard, tard
late-night opening nocturne
latte café crème
laugh rigoler, rire
launderette *(Br)* laverie
Laundromat® *(Am)* laverie
lawyer avocat
leaflet dépliant
leak fuite
learn apprendre
least: the least le/la moins; **at least** au moins
leave partir, laisser
left gauche; **to the left (of)** à gauche (de)
left-luggage office *(Br)* consigne
leg jambe

lend prêter
lens objectif
lenses lentilles
less moins; **less than** moins que
let laisser
letter lettre
letterbox boîte aux lettres
license number *(Am)* numéro d'immatriculation
lie down se coucher
life vie
lift *(Br)* ascenseur
light *(n)* lumière; **have you got a light?** vous avez du feu ?
light *(adj)* clair, léger; **light blue** bleu clair
light *(v)* allumer
light bulb ampoule
lighter briquet
lighthouse phare
like *(adv)* comme
like *(v)* aimer; **I'd like...** j'aimerais ...
line ligne, *(Am)* queue
lip lèvre
listen écouter; **to listen to someone/ something** écouter quelqu'un/ quelque chose
listings magazine guide des spectacles
liter *(Am)* litre
litre *(Br)* litre
little *(adj)* petit
little *(adv)* peu de; **a little** un peu; **little by little** petit à petit
live habiter, vivre
liver foie
living vivant
living room salon
local time heure locale
lock serrure, verrou
long long; **a long time** longtemps; **how long...?** combien de temps ... ?; **how long have you been here?** depuis quand êtes-vous ici ?
look regarder; **to look tired** avoir l'air fatigué
look after surveiller, s'occuper de
look at regarder
look for chercher
look like ressembler à
lorry *(Br)* camion
lose perdre; **to get lost** se perdre; **to be lost** être perdu
lot: a lot (of) beaucoup (de)
loud fort
low bas
low blood pressure hypotension
low tide marée basse
luck chance
lucky: to be lucky avoir de la chance
luggage bagages
lukewarm tiède
lunch déjeuner; **to have lunch** déjeuner
lung poumon
luxury de luxe

M

magazine magazine, revue
maiden name nom de jeune fille
mail courrier
mailbox *(Am)* boîte aux lettres
mailman *(Am)* facteur
main principal
main course plat de résistance
make faire, fabriquer
man homme
manage se débrouiller; **to manage to do something** arriver à faire quelque chose
management direction
many beaucoup (de); **how many?** combien ?; **how many times...?** combien de fois ... ?
map plan
March mars
market marché

marriage mariage
married marié
mass messe
match allumette, match
material tissu
matter: it doesn't matter ça ne fait rien, ce n'est pas grave
mattress matelas
May mai
maybe peut-être
me me, moi; **me too** moi aussi
meal repas
mean vouloir dire, signifier
medicine médicament
medium moyen, à point
meet rejoindre, rencontrer
meeting réunion
member membre
memory souvenir; **in memory of** en souvenir de
men hommes
men's room *(Am)* toilettes pour hommes
menu carte, menu
Merry Christmas! joyeux Noël !
message message
meter *(Am)* mètre
metre *(Br)* mètre
microwave micro-ondes
midday midi
middle milieu; **in the middle (of)** au milieu (de)
midnight minuit
might: it might rain il risque de pleuvoir
mill moulin
mind: I don't mind ça m'est égal
mine le mien, la mienne, les miens, les miennes
mineral water eau minérale
minute minute; **at the last minute** au dernier moment
mirror glace
Miss Mademoiselle
miss rater, manquer; **I miss him** il me manque; **there are two... missing** il manque deux ...
mistake erreur, faute; **to make a mistake** se tromper
mobile (phone) *(Br)* téléphone portable
modern moderne
moisturizer crème hydratante
moisturizing lotion lait hydratant
moment moment; **at the moment** en ce moment; **for the moment** pour le moment; **just a moment!** un moment !
monastery monastère
Monday lundi
money argent
month mois
monument monument
moon lune
moped Mobylette®
more plus; **more than** plus que; **much more, a lot more** beaucoup plus; **there's no more room** il n'y a plus de place
morning matin
morning-after pill pilule du lendemain
mosque mosquée
mosquito moustique
most: the most le/la plus; **most people** la plupart des gens; **to make the most of** profiter de
mother mère
motorbike *(Br)* moto
motorcycle moto
motorway *(Br)* autoroute
mountain montagne
mountain bike VTT
mountain hut refuge de montagne
mouse souris
mouth bouche
movie film; **to go to the movies** aller au cinéma

movie theater *(Am)* cinéma
Mr Monsieur
Mrs Madame
much: how much? combien ?; **how much is it?** combien ça coûte ?
muscle muscle
museum musée
music musique
mussels moules
must devoir; **it must be five o'clock** il doit être 5h; **I must go** il faut que j'y aille
mustard moutarde
my mon, ma, mes
myself moi-même

N

nail ongle, clou
naked nu
name nom; **my name is...** je m'appelle ...
nap sieste; **to have a nap** faire la sieste
napkin serviette
nappy *(Br)* couche
national holiday fête nationale
nature nature
near près, proche; **near the beach** près de la plage; **the nearest** le/ la plus proche
necessary nécessaire
neck cou
need avoir besoin de
negative négatif
neighbor *(Am)* voisin
neighbour *(Br)* voisin
neither: neither do I moi non plus; **neither... nor...** ni ... ni ...
nephew neveu
Netherlands Pays-Bas
never ne ... jamais
new neuf, nouveau
news informations
newsagent *(Br)* marchand de journaux
newsdealer *(Am)* marchand de journaux
newspaper journal
newsstand kiosque à journaux
New Year Nouvel An
next *(adj)* prochain, suivant
next *(adv)* ensuite; **next to** à côté de
nice sympa, agréable
niece nièce
night nuit
nightclub boîte de nuit
nightdress chemise de nuit
no non, aucun; **no, thank you** non merci; **no idea** aucune idée
nobody personne
noise bruit; **to make a noise** faire du bruit
noisy bruyant
non-drinking water eau non potable
none aucun
non-smoker non-fumeur
noon midi
north nord; **in the north** au nord; **(to the) north of** au nord de
North Sea mer du Nord
nose nez
not ne ... pas; **not yet** pas encore; **not any** aucun; **not at all** pas du tout
note mot
notebook cahier
nothing ne ... rien
novel roman
November novembre
now maintenant
nowadays de nos jours
nowhere nulle part
number nombre, numéro
nurse infirmière

O

obvious évident
ocean océan
o'clock: three o'clock 3h

October octobre
of de
offer offrir
often souvent
oil huile
ointment pommade
OK d'accord, ok
old ancien, vieux; **how old are you?** quel âge as-tu ?; **old people** les personnes âgées
old town vieille ville
on sur; **it's on at...** ça joue à ...
once une fois; **once a day/an hour** une fois par jour/heure
one un, on
one-way (ticket) *(Am)* aller (simple)
only ne ... que, seulement
open *(adj)* ouvert
open *(v)* ouvrir
operate opérer
operation: to have an operation se faire opérer
opinion: in my opinion à mon avis
opportunity occasion
opposite *(n)* contraire
opposite *(prép)* en face de
optician opticien
or ou
orange orange
orchestra orchestre
order *(n)* commande; **out of order** hors service
order *(v)* commander
organic bio
organize organiser
other autre; **others** d'autres
otherwise sinon
our notre, nos
ours le nôtre, la nôtre, les nôtres
outside en plein air, dehors
outward journey aller
oven four
over: over there là-bas
overdone trop cuit
overweight: my luggage was fifteen kilos overweight j'avais un excédent de bagages de 15 kilos
owe devoir
own *(adj)* propre
own *(v)* posséder
owner propriétaire

P

pack *(n)* paquet
pack: *(v)* **to pack one's bags** faire ses valises
package holiday voyage organisé
packed bondé
packet paque
painkiller analgésique
painting peinture, tableau
pair paire; **a pair of pyjamas** un pyjama; **a pair of shorts** un short
palace palais
panties *(Am)* slip
pantihose *(Am)* collants
pants *(Br)* culotte, slip, *(Am)* pantalon
paper papier
paper napkin serviette en papier
parcel colis
pardon? *(Br)* comment ?
parents parents
park *(n)* parc
park *(v)* se garer
parking lot *(Am)* parking
parking space place de parking
part partie; **to be a part of** faire partie de
party soirée, fête
pass *(n)* forfait
pass *(v)* passer; **to be passing through** être de passage
passenger passager
passport passeport
past passé; *(Br)* **a quarter past ten** dix heures et quart
path chemin, sentier

pay payer
pedestrian piéton
pedestrianized street rue piétonne
pee faire pipi
peel peler
pen stylo
pencil crayon
people les gens
percent pour cent
perfect parfait
perfume parfum
perhaps peut-être
period règles
person personne
personal stereo Walkman®
petrol *(Br)* essence
petrol station *(Br)* station-service
phone *(n)* téléphone
phone *(v)* téléphoner (à)
phone booth cabine téléphonique
phone box *(Br)* cabine téléphonique
phone call coup de téléphone; **to make a phone call** passer un coup de téléphone
phonecard carte de téléphone
phone number numéro de téléphone
photo photo; **to take a photo/photos** prendre une/des photo(s); **to take someone's photo** prendre quelqu'un en photo
photocopy photocopie; **to make a photocopy** faire une photocopie
picnic pique-nique; **to have a picnic** pique-niquer
pie tarte, tourte
piece morceau; **a piece of** un morceau de; **a piece of advice** un conseil; **a piece of fruit** un fruit
piles hémorroïdes
pill pilule; **to be on the pill** prendre la pilule
pillow oreiller
pillowcase taie d'oreiller
PIN (number) code confidentiel
pink rose
pity: it's a pity c'est dommage
place lieu
plan prévoir
plane avion
plant plante
plaster (cast) plâtre
plastic plastique
plastic bag sac plastique
plate assiette
platform quai
play *(n)* pièce de théâtre
play *(v)* jouer
please *(v)* plaire
please *(adv)* s'il te/vous plaît
pleased content; **pleased to meet you!** enchanté !
pleasure plaisir
plug prise
plug in brancher
plumber plombier
point point
police police
policeman policier
police officer policier
police station commissariat
poor pauvre
port port
Portugal Portugal
Portuguese portugais
possible possible
post poste, *(Br) (lettres)* courrier
postbox *(Br)* boîte aux lettres
postcard carte postale
postcode *(Br)* code postal
poster affiche
poste restante *(Br)* poste restante
postman *(Br)* facteur
post office bureau de poste
pot pot
pound livre (sterling), fourrière
powder poudre
practical pratique
prefer préférer

pregnant enceinte
premium gas *(Am)* super
prepare préparer
present cadeau
press appuyer
pressure pression
preview *(Am)* bande-annonce
previous précédent
price prix, tarif
private privé
probably probablement
problem problème
procession procession
product produit
profession profession
program *(Am)* émission, programme
programme *(Br)* émission, programme
promise promettre
propose proposer
protect protéger; **to protect oneself** se protéger
proud (of) fier (de)
public public
public holiday jour férié
pull tirer
purple violet
purpose: on purpose exprès
purse *(Br)* porte-monnaie, *(Am)* sac à main
push pousser
pushchair *(Br)* poussette
put mettre
put out éteindre
put up héberger
put up with supporter

Q

Q-tip® *(Am)* coton-tige®
quality qualité; **of good/ bad quality** de bonne/ mauvaise qualité
quarter quart; **a quarter of an hour** un quart d'heure; **a quarter to ten** dix heures moins le quart
quay quai
question question
queue *(n)* *(Br)* queue
queue *(v)* *(Br)* faire la queue
quick rapide
quickly vite, rapidement
quiet calme, tranquille
quite assez de; **quite a lot of** pas mal de

R

racket raquette
radiator radiateur
radio radio
rain *(n)* pluie
rain: *(v)* **it's raining** il pleut
raincoat imperméable
random: at random au hasard
rape viol
rare rare, saignant *(viande)*
rarely rarement
rather plutôt
raw cru
razor rasoir
razor blade lame de rasoir
reach arriver à
read lire
ready prêt
receipt reçu, ticket de caisse
receive recevoir
reception accueil, réception; **at reception** à la réception
receptionist réceptionniste
recipe recette
recognize reconnaître
recommend recommander
record *(n)* disque
record *(v)* enregistrer
record dealer disquaire
red rouge, roux
red light feu rouge
red wine vin rouge
reduce diminuer

reduction réduction
refrigerator réfrigérateur
refund *(n)* remboursement; **to get a refund** se faire rembourser
refund *(v)* rembourser
refuse refuser
registered en recommandé
registration number *(Br)* numéro d'immatriculation
remember se rappeler, se souvenir (de)
remind rappeler; **that reminds me of...** ça me rappelle ...
remove enlever
rent *(n)* loyer
rent *(v)* louer
rental location
reopen rouvrir
repair réparer; **to get something repaired** faire réparer quelque chose
repeat répéter
reserve réserver
reserved réservé
rest: *(n)* **the rest** le reste
rest *(v)* se reposer
restaurant restaurant
rest room *(Am)* toilettes
return retour
return ticket *(Br)* aller-retour
reverse-charge call *(Br)* PCV
reverse gear marche arrière
rheumatism rhumatismes
rib côte
right *(n)* droit, droite; **to have the right to...** avoir le droit de ... ; **to the right (of)** à droite (de)
right *(adj)* bon
right: *(adv)* **right away** tout de suite; **right beside** tout près de
ring bague
ripe mûr
rip-off arnaque
risk risque
river fleuve, rivière
road route
road sign panneau
rock rocher
rollerblades rollers
room chambre, pièce, salle
rosé wine vin rosé
round tournée
roundabout *(Br)* rond-point
round-trip (ticket) *(Am)* aller-retour
rubbing alcohol *(Am)* alcool à 90°
rubbish *(Br)* ordures; **to take the rubbish out** sortir les poubelles
rucksack *(Br)* sac à dos
rug tapis
ruins ruines; **in ruins** en ruines
run out: to have run out of *(Br)* **petrol**/*(Am)* **gas** être en panne d'essence

S

sad triste
safe en sécurité
safety sécurité
safety belt ceinture de sécurité
sail voile
sailing voile; **to go sailing** faire de la voile
sale: for sale à vendre; **in the sale** *(Br)* en solde; **on sale** *(Am)* en solde
sales soldes
salesclerk *(Am)* vendeur(euse)
sales tax *(Am)* TVA
salt sel
salted salé
salty salé
same *(adj)* même
same: *(pronom)* **the same** le même, la même, les mêmes
sand sable
sandals sandales
sanitary towel serviette hygiénique
Saturday samedi
saucepan casserole

save gagner, sauvegarder
say dire; **how do you say... ?** comment dit-on ... ?
scared: to be scared (of) avoir peur (de)
scenery paysage
scissors ciseaux
scoop: one/two scoop(s) une/ deux boule(s) (de glace)
scooter scooter
scotch *(whisky)* scotch
Scotch tape® *(Am)* Scotch®
scuba diving plongée sous-marine
sea mer
seafood fruits de mer
seasick: to be seasick avoir le mal de mer
seaside: at the seaside au bord de la mer
seaside resort station balnéaire
season saison
seat place
sea view vue sur mer
seaweed algues
second seconde
second class deuxième classe
second-hand d'occasion
secure en sécurité
security sécurité
see voir; **see you later!** à plus tard !, à tout à l'heure !; **see you soon!** à une prochaine !, à bientôt !; **see you tomorrow!** à demain !
seem paraître; **it seems that...** il paraît que ...
seldom pas souvent
self-confidence confiance en soi
sell vendre
Sellotape® *(Br)* Scotch®
send envoyer
sender expéditeur
sense sens
sensitive sensible
sentence phrase
separate séparer
separately séparément
September septembre
serious grave, sérieux
several plusieurs
sex sexe
shade ombre; **in the shade** à l'ombre
shame honte
shampoo shampooing
shape forme
share partager
shave se raser
shaving cream crème à raser
shaving foam mousse à raser
she elle
sheet drap, feuille
shellfish crustacés
shirt chemise
shock choc
shocking choquant
shoes chaussures
shop *(Br)* boutique, magasin
shop assistant *(Br)* vendeur(euse)
shopkeeper *(Br)* marchand
shopping shopping, courses; **to do some/ the shopping** faire des/ les courses
shopping centre *(Br)* centre commercial
shopping mall *(Am)* centre commercial
short court; **I'm two... short** il me manque deux ...
short cut raccourci
shorts short
short-sleeved en/ à manches courtes
shoulder épaule
show *(n)* spectacle
show *(v)* montrer
shower douche; **to take a shower** prendre une douche
shower gel gel douche
shut fermer
shuttle navette

DICTIONNAIRE ANG-FR

shy timide
sick: to feel sick avoir mal au cœur
side côté
sign *(n)* panneau
sign *(v)* signer
signal réception
sign up s'inscrire
silent muet
silver argent
silver-plated plaqué argent
since depuis (que), puisque
sing chanter
single célibataire
single (ticket) *(Br)* aller (simple)
sister sœur
sit down s'asseoir
size taille, pointure
ski ski
ski boots chaussures de ski
skiing ski; **to go skiing** faire du ski
ski lift remontée mécanique
skin peau
ski pole bâton de ski
ski resort station de ski
skirt jupe
sky ciel
sleep *(n)* sommeil
sleep *(v)* dormir; **to sleep with** coucher avec
sleeping bag sac de couchage
sleeping pill somnifère
sleepy: to be sleepy avoir sommeil
sleeve manche
slice tranche
sliced coupé en tranches
slide diapositive
slow lent
slowly doucement, lentement
small petit; **smaller than** plus petit que
smell *(n)* odeur
smell *(v)* sentir; **to smell good/ bad** sentir bon/ mauvais
smile *(n)* sourire
smile *(v)* sourire
smoke fumer
smoker fumeur
snack casse-croûte
snow *(n)* neige
snow *(v)* neiger
so si, alors; **so that** pour que
soap savon
soccer football
society société
socks chaussettes
some *(adj)* quelques
some *(pronom)* quelques-uns
somebody quelqu'un
someone quelqu'un
something quelque chose; **something else** autre chose
sometimes quelquefois
somewhere quelque part; **somewhere else** ailleurs
son fils
song chanson
soon bientôt
sore: to have a sore throat avoir une angine; **to have a sore head** avoir mal à la tête
sorry désolé; **sorry!** pardon !
south sud; **in the south** au sud; **(to the) south of** au sud de
souvenir souvenir
Spain Espagne
Spanish espagnol
spare: spare... ... de rechange
spare part pièce de rechange
spare tire *(Am)* roue de secours
spare tyre *(Br)* roue de secours
spare wheel roue de secours
sparkling water eau gazeuse
spark plug bougie
speak parler
special spécial; **it's nothing special** ça n'a rien d'exceptionnel; **by special delivery** en exprès; **today's special** plat du jour

speciality *(Br)* spécialité
specialty *(Am)* spécialité
speed vitesse; **at full speed** à toute vitesse
spell épeler
spend dépenser, passer
spice épice
spicy épicé
spider araignée
splinter écharde
split up se séparer
spoil gâter
sponge éponge
spoon cuillère
sport sport
sports ground terrain de sports
sporty sportif
spot emplacement, bouton; **on the spot** sur place
sprain: to sprain one's ankle se fouler la cheville
spring printemps
square place
stadium stade
stain tache
stained-glass windows vitraux
stairs escalier
stamp timbre
stand *(n)* stand
stand: *(v)* **to stand in line** *(Am)* faire la queue
start commencer
state état; **the State** l'État
statement déclaration
station gare
stay *(n)* séjour
stay *(v)* rester; **to stay in touch** rester en contact
steal voler
step marche
sticking plaster *(Br)* sparadrap
still encore, toujours
still water eau plate
sting *(n)* piqûre
sting *(v)* piquer; **to get stung (by)** se faire piquer (par)
stock: out of stock épuisé
stomach estomac, ventre
stone pierre
stop *(n)* arrêt
stop *(v)* (s')arrêter
stopcock robinet d'arrêt
store *(Am)* boutique, magasin
storekeeper *(Am)* marchand
storm orage, tempête
story histoire
straight: straight ahead, straight on tout droit
strange bizarre
street rue
streetcar *(Am)* tramway
stroller *(Am)* poussette
strong fort
stuck bloqué, coincé
student étudiant(e)
studies études
study étudier; **to study biology** faire des études de biologie
subtitled sous-titré
suburb banlieue
subway *(Am)* métro
subway line *(Am)* ligne de métro
subway station *(Am)* station de métro
suffer souffrir
suggest proposer
suit: does that suit you? ça vous va ?; **that suits you** ça vous va bien
suitcase valise
summer été
summer camp *(Am)* colonie de vacances
summit sommet
sun soleil; **in the sun** au soleil
sunbathe bronzer
sunburnt: to get sunburnt prendre un coup de soleil
sun cream crème solaire
Sunday dimanche

DICTIONNAIRE ANG-FR

sunglasses lunettes de soleil
sunhat chapeau de soleil
sunrise lever du soleil
sunset coucher du soleil
sunstroke insolation; **to get sunstroke** attraper une insolation
supermarket supermarché
supplement supplément
sure sûr
surf faire du surf, surfer
surfboard planche de surf
surfing surf; **to go surfing** faire du surf
surgical spirit *(Br)* alcool à 90°
surname nom de famille
surprise *(n)* surprise
surprise *(v)* étonner
sweat transpirer
sweater pull
sweet *(n) (Br)* bonbon
sweet *(adj)* sucré
swim: *(n)* **to go for a swim** se baigner
swim *(v)* nager
swimming natation
swimming pool piscine
swimming trunks slip de bain
swimsuit maillot de bain
switch off éteindre
switch on allumer
switchboard operator standardiste
swollen enflé
syrup sirop

T

table table
tablespoon cuillère à soupe
tablet comprimé
tail pipe *(Am)* pot d'échappement
take prendre, emmener, emporter; **it takes two hours** ça prend 2 heures
takeaway *(Br)* à emporter
take off *(avion)* décoller
takeout *(Am)* à emporter
talk parler
tall grand
tampon tampon
tan bronzer
tanned bronzé
tap *(Br)* robinet
taste *(n)* goût
taste *(v)* goûter
tax taxe
tax-free hors taxes
taxi taxi
taxi driver chauffeur de taxi
T-bar tire-fesses
team équipe
teaspoon cuillère à café
teenager adolescent
teeth dents
telephone *(n)* téléphone
telephone *(v)* téléphoner (à)
telephone directory annuaire (téléphonique)
television télévision
tell raconter
tell off engueuler
temperature température; **to take one's temperature** prendre sa température
temple temple
temporary temporaire
tennis tennis
tennis court terrain de tennis
tennis shoe tennis
tent tente
tent peg sardine
terminal terminal
terrace terrasse
terrible terrible
thank remercier; **thank you** merci; **thank you very much** merci beaucoup
thanks merci; **thanks to** grâce à
that cela, ça, ce, cette, que; **that one** celui-là, celle-là
the le, la, les

theater *(Am)* théâtre
theatre *(Br)* théâtre
theft vol
their leur, leurs
theirs le leur, la leur, les leurs
them les, eux, leur
theme park parc d'attractions
then alors, ensuite
there y, là; **there is** il y a; **there are** il y a; **there is a castle** il y a un château; **there are two museums** il y a deux musées
therefore donc
thermometer thermomètre
Thermos® bottle *(Am)* thermos®
Thermos® flask *(Br)* thermos®
these ces; **these ones** ceux-ci
they ils, elles; **they say that...** on dit que...
thief voleur
thigh cuisse
thin maigre
thing chose; **things** affaires
think penser, croire, réfléchir
think about penser à
thirst soif
thirsty: to be thirsty avoir soif
this ce, cette, ça; **this one** celui-ci, celle-ci; **this evening** ce soir; **this is...** je te présente ...
thongs *(Am)* tongs
those ces; **those ones** ceux-là, celles-là
throat gorge
throw jeter
throw out jeter, mettre à la poubelle
Thursday jeudi
ticket billet, ticket
ticket office billetterie
tidy ranger
tie cravate
tight serré
tights *(Br)* collants
time temps, fois; **what time is it?** quelle heure est-il ?; **from time to time** de temps en temps; **to have (the) time to...** avoir le temps de ... ; **on time** à l'heure; **three/ four times** trois/ quatre fois
time difference décalage (horaire)
timetable horaires
tinfoil papier alu
tip pourboire
tire *(Am)* pneu
tired fatigué
tobacco tabac
tobacconist's *(Br)* bureau de tabac
tobacco store *(Am)* bureau de tabac
today aujourd'hui
together ensemble
toilet *(Br)* toilettes, WC
toilet bag trousse de toilette
toilet paper papier toilette
toiletries affaires de toilette
toll péage
tomorrow demain; **tomorrow evening** demain soir
tongue langue
tonight ce soir
too aussi, trop; **too bad** tant pis; **too many** trop de; **too much** trop de
tooth dent
toothbrush brosse à dents
toothpaste dentifrice
top haut; **at the top** en haut
torch *(Br)* lampe de poche
touch toucher
tourist touriste
tourist office office du tourisme
tourist trap attrape-touristes
towards vers
towel serviette
town ville
town centre *(Br)* centre-ville
town hall *(Br)* hôtel de ville, mairie
toy jouet
traditional traditionnel, folklorique
traffic circulation

traffic circle *(Am)* rond-point
traffic jam bouchon, embouteillage
trailer *(Br)* bande-annonce
train train; **the train to Leeds** le train en direction de Leeds
train station gare
tram *(Br)* tramway
transfer virement *(bancaire)*
translate traduire
travel voyager; **to travel alone** voyager seul
travel agency agence de voyages
traveller's cheque traveller's cheque, chèque de voyage
trip voyage, excursion; **have a good trip!** bon voyage !
trolley *(Br)* Caddie®
trouble: to have trouble doing something avoir du mal à faire quelque chose
trousers *(Br)* pantalon
truck *(Am)* camion
true vrai
trunk *(Am)* coffre
try essayer; **to try to do something** essayer de faire quelque chose
try on essayer
Tuesday mardi
tube *(Br)* métro
tube station *(Br)* station de métro
Tupperware® tupperware®
turn: *(n)* **it's your turn** c'est ton tour
turn *(v)* tourner
twice deux fois
type *(n)* type
type *(v)* taper
typical typique
tyre *(Br)* pneu

U

umbrella parapluie
uncle oncle
uncomfortable: to feel uncomfortable être mal à l'aise
under sous
underground *(Br)* métro
underground line *(Br)* ligne de métro
underground station *(Br)* station de métro
underneath dessous
understand comprendre
underwear sous-vêtements
United Kingdom Royaume-Uni
United States États-Unis
until jusqu'à
upset vexé
upstairs en haut, là-haut
urgent urgent
us nous
use se servir de, utiliser; **to be used for** servir à; **I'm used to it** j'ai l'habitude; **I'm not used to eating so early** je n'ai pas l'habitude de manger aussi tôt
useful utile
useless inutile
usually d'habitude
U-turn demi-tour

V

vacation *(Am)* vacances; **on vacation** en vacances
vaccinated (against) vacciné (contre)
valid en cours de validité; **valid for** valable pour
valley vallée
VAT *(Br)* TVA
vegetarian végétarien
very très
view vue
villa villa
village village
visa visa
visit *(n)* visite
visit *(v)* visiter, rendre visite à

volleyball volley(-ball)
vomit vomir

W

waist taille
wait attendre; **to wait for someone/something** attendre quelqu'un/ quelque chose
waiter serveur
waitress serveuse
wake up (se) réveiller
walk: *(n)* **to go for a walk** aller se promener, se balader
walk *(v)* marcher, se promener; **to go walking** faire de la marche
walking boots chaussures de marche
wallet *(Br)* portefeuille
want vouloir; **to want to do something** avoir envie de faire quelque chose
warm chaud, chaleureux
warn prévenir
wash: *(n)* **to have a wash** se laver
wash laver; **to wash one's hair** se laver les cheveux
washbasin *(Br)* lavabo
washbowl *(Am)* lavabo
washing: to do the washing faire la lessive
washing machine machine à laver
washing powder lessive
washing-up liquid liquide vaisselle
wasp guêpe
waste gâcher; **to waste time** perdre du temps
watch *(n)* montre
watch *(v)* regarder; **watch out!** attention !
water eau
water heater chauffe-eau
waterproof imperméable
waterproof jacket K-way®
waterskiing ski nautique
wave vague
way chemin, façon, manière
way in entrée
way out sortie
we nous
weak faible
wear porter
weather temps; **the weather's bad** il fait mauvais
weather forecast prévisions météo
website site Internet
Wednesday mercredi
week semaine
weekend week-end
welcome bienvenu; **welcome!** bienvenue !; **you're welcome** il n'y a pas de quoi
well bien; **I'm very well** je vais bien; **well done** bien cuit; **well done!** bravo !
well-known connu
west ouest; **in the west** à l'ouest; **(to the) west of** à l'ouest de
wet mouillé
wetsuit combinaison de plongée
what qu'est-ce que, quoi; **what do you want?** que veux-tu?; **what I liked most** ce que j'ai le plus aimé
wheel roue
wheelchair fauteuil roulant
when quand, lorsque
where où; **where is/are...?** où est/ sont... ?; **where are you from?** d'où viens-tu ?; **where are you going?** où vas-tu ?
which quel
while pendant que
whisky whisky
white blanc
who qui; **who's calling?** qui est à l'appareil ?
whole entier; **the whole cake** le gâteau en entier
whose dont

why pourquoi
wide large
wife femme
wild sauvage
wind vent
window fenêtre, vitre; **in the window** en vitrine
windscreen *(Br)* pare-brise
windshield *(Am)* pare-brise
windsurfing planche à voile
wine vin
winter hiver
with avec
withdraw retirer
without sans
woman femme
wonderful formidable
wood bois
wool laine
work *(n)* travail
work *(v)* travailler, marcher, fonctionner; **to work in** travailler dans
works travaux
world monde
worry *(n)* souci
worry *(v)* s'inquiéter
worse pire; **to get worse** s'aggraver; **it's worse (than)** c'est pire (que)
worth: to be worth valoir; **it's worth it** ça vaut la peine; **it's worth...** ça vaut ...
wound plaie
wrist poignet
write écrire
wrong faux

XY

X-rays rayons X

year an, année
yellow jaune
yes oui
yesterday hier; **yesterday evening** hier soir
you tu, te, toi, vous
young jeune
your ton, ta, tes, votre, vos
yours le tien, la tienne, les tiens, les tiennes, le vôtre, la vôtre, les vôtres
youth hostel auberge de jeunesse

Z

zero zéro
zip *(Br)* fermeture éclair®
zip code *(Am)* code postal
zipper *(Am)* fermeture éclair®
zoo zoo
zoom (lens) zoom

GRAMMAIRE

Les **articles indéfinis** "un" et "une" se traduisent tous deux par **a** :
un bar a bar, une banque a bank

Devant un son-voyelle, a devient an :
une pomme an apple, une heure an hour

La forme plurielle "des" ne se traduit pas (Ø) :
des restaurants Ø restaurants

Les **articles définis** "le", "la", "l'" et "les" se traduisent tous par the :
la plage the beach, le train the train
l'heure the time, les musées the museums

Mais ils ne se traduisent pas (Ø) devant la plupart des noms de pays et de notions :
la France Ø France, l'argent Ø money

Les **noms** sont neutres en anglais.

Comme en français, on forme le **pluriel des noms** en ajoutant un **-s** final (qui se prononce en anglais) :
garden → gardens (jardins)

Pour les noms se terminant par "consonne + -y", le -y devient **-ies** au pluriel :
city → cities (villes)

Les noms se terminant par -ch, -o, -s, -sh, -x ou -z ont un pluriel en **-es** :
peach → peaches (pêches), potato → potatoes (pommes de terre)

Quelques rares noms ont un pluriel irrégulier :
man → **men** (hommes), woman → **women** (femmes)
foot → **feet** (pieds), tooth → **teeth** (dents)
child → **children** (enfants)

Les **adjectifs qualificatifs** sont invariables.

Ils se placent toujours devant le nom :

a lovely village   un village charmant
good restaurants   de bons restaurants

La forme du **comparatif** et du **superlatif** de supériorité dépend de la longueur de l'adjectif.

Avec un adjectif long, le fonctionnement est le même qu'en français :

less expensive than   moins cher que
more difficult than   plus difficile que
the least expensive   le moins cher
the most difficult   le plus difficile
as difficult as   aussi difficile que

Pour former le comparatif de supériorité d'un adjectif court, on accole **-er** à la fin de l'adjectif :

stronger than   plus fort que

Pour former son superlatif, on accole **-est** :

the strongest   le plus fort

Le fonctionnement pour le comparatif et le superlatif d'infériorité est le même qu'en français :

less strong than   moins fort que
the least strong   le moins fort

Quand l'adjectif se termine en -y (par exemple, easy), le comparatif est en **-ier** et le superlatif en **-iest** :

it's easier this way   c'est plus facile de cette façon
it's the easiest way   c'est la façon la plus facile

Quand l'adjectif se termine par "voyelle + consonne" (par exemple, big), le comparatif et le superlatif se forment en doublant la consonne finale :

it's much bigger than that   c'est beaucoup plus grand que ça
it's the biggest in the world   c'est le plus grand du monde

Les adjectifs good et bad ont un comparatif et un superlatif irréguliers :

good → better, best
bad → worse, worst

Adjectifs possessifs

mon, ma, mes   my
ton, ta, tes   your

son, sa, ses	his (possesseur masculin)
son, sa, ses	her (possesseur féminin)
son, sa, ses	its (possesseur neutre)
notre	our
votre	your
leur, leurs	their

En anglais, c'est le possesseur et non ce qui est possédé qui détermine la forme choisie : "son", "sa" et "ses" peuvent tous trois se traduire par his si le possesseur est masculin, her s'il est féminin ou its si c'est un animal ou une chose :

Philippe and *his* girlfriend — Philippe et sa copine

Ann and *her* brother — Ann et son frère

the *town* and *its* cathedral — la ville et sa cathédrale

Il existe en anglais un cas possessif, appelé **génitif**. Il est signalé par un **'s** accolé après le nom :

Philippe's girlfriend — la copine de Philippe
Ann's brother — le frère de Ann

Lorsque le nom se termine déjà par un -s, le génitif se réduit à une apostrophe (**'**) :

my friends' favourite place — l'endroit préféré de mes amis

Pronoms personnels

Sujets		Objets directs/indirects	
je	I (toujours majuscule)	me	me
tu	you	te	you
il	he (homme), it (neutre)	le/lui	him (homme), it (neutre)
elle	she (femme), it (neutre)	la/lui	her (femme), it (neutre)
nous	we	nous	us
vous	you	vous	you
ils, elles	they	les/leur	them

La forme neutre **it** est employée pour désigner une chose, un animal ou une notion.

You désigne à la fois "tu" et "vous" (pas de distinction en anglais) :

je ne la comprends pas bien — I don't understand her very well

GRAMMAIRE

ils ont été très gentils avec nous they were very nice to us
vous devriez le visiter you should visit it

Dans le sens de "nous", "on" se traduit simplement par **we** :
on est allés à la plage we went to the beach

Pronoms possessifs

le mien/la mienne/les miens/miennes	mine
le tien/la tienne/les tiens/tiennes	yours
le sien/la sienne/les siens/siennes	his (possesseur masculin)
le sien/la sienne/les siens/siennes	her (possesseur féminin)
le sien/la sienne/les siens/siennes	its (possesseur neutre)
le/la nôtre/les nôtres	ours
le/la vôtre/les vôtres	yours
le/la leur/les leurs	theirs

Le **présent** des verbes anglais est très simple à former.

Dans les phrases affirmatives, on emploie la même forme du verbe à toutes les personnes, sauf à la 3e personne du singulier où l'on ajoute un **-s** final (qui se prononce) :
I/you/... like it j'aime/tu aimes/... bien ça
he/she likes her il/elle l'aime bien

Pour les verbes finissant par "consonne + -y", le -y devient **-ies** à la 3e personne du singulier :
to carry → he carries

Pour les verbes finissant par -s, -x, -z, -ch ou -sh, il faut ajouter **-es** à la 3e personne du singulier :
to go → she goes to push → he pushes

On emploie l'auxiliaire do dans les phrases interrogatives (**do** à toutes les personnes, sauf à la 3e du singulier : **does**) et négatives (**don't** à toutes les personnes, sauf à la 3e du singulier : **doesn't**), suivi du verbe :
do you smoke? est-ce que tu fumes ?
does she smoke? est-ce qu'elle fume ?
I don't smoke je ne fume pas
she doesn't smoke elle ne fume pas

Le verbe **to have** (avoir) a la forme **have** à toutes les personnes sauf à la 3e du singulier (**has**).

Il existe des formes contractées : **'ve** pour have ; **'s** pour has.

GRAMMAIRE

Formes négatives contractées : have + not = **haven't** ; has + not = **hasn't**

Le verbe **to be** (être) connaît trois formes (**am**, **are**, **is**) :

I am, you are, he/she/it is, we are, you are, they are

On emploie souvent des formes contractées, surtout à l'oral :

I'm, you're, he's/she's/it's, we're, you're, they're

Formes négatives contractées : **is** + **not** = **isn't** ; **are** + **not** = **aren't**

Le **présent progressif** s'emploie pour parler de ce qui se passe en ce moment même, d'une évolution ou d'un futur proche.

Il est formé de l'auxiliaire to be au présent (**am**, **are**, **is**) suivi du verbe avec la terminaison **-ing** :

it's raining   il pleut
I'm leaving tomorrow   je pars demain

Le **prétérit** s'emploie pour une action passée et terminée.

Il existe une seule forme pour toutes les personnes, formée du verbe suivi de la terminaison **-ed** (ou **-d** si le verbe se termine par une voyelle) :

to ask → I/you/he/... asked   j'ai/tu as/il a/... demandé
to like → I/you/he/... liked it   j'ai/tu as/il a/... bien aimé ça

On emploie à toutes les personnes l'auxiliaire to do au prétérit dans les phrases interrogatives (**did**) et négatives (**didn't**), suivi du verbe :

did she like it?   est-ce qu'elle a aimé ?
she didn't like it   elle n'a pas aimé ça

Certains verbes ont un prétérit irrégulier : voir p. 183

On emploie le **present perfect** pour une action passée qui continue ou a une incidence sur le présent.

Il est formé de l'auxiliaire to have au présent (**have** et **has** ; **haven't** et **hasn't** à la forme négative) suivi du participe passé du verbe. Le participe passé a la même forme que le prétérit :

I have almost finished   j'ai presque terminé
it has been cancelled   ça a été annulé
he hasn't arrived yet   il n'est pas encore arrivé

Certains verbes ont un participe passé irrégulier : voir p. 183

Il existe une seule forme du **futur simple** pour toutes les personnes.

Dans les phrases affirmatives et interrogatives, on emploie l'auxiliaire will suivi du verbe.

will you come back? **est-ce que tu reviendras ?**

Will est très souvent abrégé en **'ll** à la forme affirmative :

I'll try (= I will try) j'essaierai
she'll be (= she will be) late elle sera en retard

Dans les phrases négatives, on emploie **won't** (forme abrégée de will not) suivi du verbe :

they won't be there any more ils ne seront plus là

Comme dans toutes les langues, vous ne pourrez pas échapper aux **verbes irréguliers** : ce sont tout simplement les plus utilisés !

Infinitif	Prétérit	Participe passé
be (être)	was, were	been
beat (battre)	beat	beaten
become (devenir)	became	become
begin (commencer)	began	begun
bite (mordre, piquer)	bit	bitten
break (casser)	broke	broken
bring (apporter)	brought	brought
build (construire)	built	built
buy (acheter)	bought	bought
catch (attraper)	caught	caught
choose (choisir)	chose	chosen
come (venir)	came	come
cost (coûter)	cost	cost
cut (couper)	cut	cut
do (faire)	did	done
drink (boire)	drank	drunk
drive (conduire)	drove	driven
eat (manger)	ate	eaten
fall (tomber)	fell	fallen
feel (sentir)	felt	felt
find (trouver)	found	found
fly (voler)	flew	flown
forbid (interdire)	forbade	forbidden
forget (oublier)	forgot	forgotten
get (obtenir)	got	*(Br)* got, *(Am)* gotten
give (donner)	gave	given

Infinitif	**Prétérit**	**Participe passé**
go (aller)	went	gone
have (avoir)	had	had
hear (entendre)	heard	heard
hold (tenir)	held	held
hurt (blesser)	hurt	hurt
keep (garder)	kept	kept
know (savoir)	knew	known
learn (apprendre)	learned, learnt	learned, learnt
leave (laisser, partir)	left	left
lose (perdre)	lost	lost
make (faire)	made	made
meet (rencontrer)	met	met
pay (payer)	paid	paid
put (mettre)	put	put
run (courir)	ran	run
say (dire)	said	said
see (voir)	saw	seen
sell (vendre)	sold	sold
send (envoyer)	sent	sent
show (montrer)	showed	shown
shut (fermer)	shut	shut
sit (s'asseoir)	sat	sat
sleep (dormir)	slept	slept
speak (parler)	spoke	spoken
spell (épeler)	spelled, spelt	spelled, spelt
spend (dépenser)	spent	spent
stand (être debout)	stood	stood
steal (voler)	stole	stolen
sting (piquer)	stung	stung
swim (nager)	swam	swum
take (prendre)	took	taken
teach (enseigner)	taught	taught
tell (raconter)	told	told
think (penser)	thought	thought
understand (comprendre)	understood	understood
wake (se réveiller)	woke	woken
wear (porter)	wore	worn
win (gagner)	won	won
write (écrire)	wrote	written

FÊTES ET JOURS FÉRIÉS

JOURS FÉRIÉS NATIONAUX

ⓘ

Les jours fériés sont appelés **bank holidays** au Royaume-Uni et **public holidays** aux États-Unis. Ces jours-là, les administrations et les banques sont fermées, ainsi que la plupart des musées, commerces et bureaux.

Royaume-Uni

1er janvier :	**New Year's Day** (jour de l'an)
2 janvier :	lendemain du jour de l'an, en Écosse
17 mars :	**St Patrick's Day**, en Irlande (fête de St Patrick, saint patron de l'Irlande)
mars :	**Good Friday** (Vendredi Saint)
mars ou avril :	**Easter Monday** (lundi de Pâques)
avril :	**Spring holiday**
1er lundi de mai :	**May Day** (le premier mai, fête du travail)
dernier lundi d'août :	**August Bank Holiday**, en Angleterre et au Pays de Galles
25 décembre :	**Christmas Day** (Noël)
26 décembre :	**Boxing Day** (lendemain de Noël)

États-Unis

1er janvier :	**New Year's Day** (jour de l'an)
3e lundi de janvier :	**Martin Luther King's Birthday** (anniversaire de M. L. King)
3e lundi de février :	**President's Day** (en hommage aux présidents Washington et Lincoln)
mars ou avril :	**Easter Monday** (lundi de Pâques)
dernier lundi de mai :	**Memorial Day** (en souvenir des soldats américains morts au combat)

4 juillet :	**Independence Day** ou **Fourth of July** (fête nationale pour célébrer la Déclaration d'indépendance des États-Unis). Chaque foyer américain arbore un drapeau à l'entrée de sa maison et des feux d'artifice sont tirés.
1er lundi de septembre :	**Labor Day** (fête du travail)
2e lundi d'octobre :	**Columbus Day** (commémoration de la "découverte" de l'Amérique par Christophe Colomb)
11 novembre :	**Veterans' Day** (fête de l'armistice)
dernier jeudi de novembre :	**Thanksgiving (Day)** (commémoration de l'installation des premiers colons en Amérique). Fêté en famille autour de la traditionnelle dinde rôtie à la sauce aux airelles.
25 décembre :	**Christmas Day** (Noël)

FÊTES ET FESTIVALS

Pour n'en citer que quelques-uns ... :

Royaume-Uni

25 janvier :	**Burns' Night**, en Écosse. À l'occasion de cette fête en l'honneur du poète écossais Robert Burns, on mange du "haggis" (panse de brebis farcie), boit du whisky et déclame des vers de Burns.
mai :	finale de football de la **FA Cup**.
juin :	**Glastonbury Festival**. Gigantesque festival de musique pop en plein air.
fin août :	**Notting Hill Carnival**. Carnaval organisé par la communauté antillaise de Londres, dans le quartier de Brixton.
mi-août à début septembre :	**Edinburgh Festival**. Trois semaines durant, toute la capitale écossaise est investie pour présenter plusieur centaines de spectacles de théâtre, de danse et de musique, notamment dans le cadre du **Fringe Festival** (festival "off").

31 octobre : **Halloween**.

5 novembre : **Guy Fawkes' Night** ou **Bonfire Night**. On y commémore la tentative de Guy Fawkes de faire sauter le Parlement en 1605 par des feux d'artifice et un feu de joie où l'on brûle son effigie.

États-Unis

Les festivités locales sont aussi nombreuses que variées. Certaines grandes villes sont connues pour leurs parades géantes, souvent organisées par l'une de leurs nombreuses communautés (asiatique, irlandaise, mexicaine, japonaise, etc).

fin janvier : le **Super Bowl**, finale itinérante de football américain.

février ou mars : carnaval de **Mardi Gras** à la Nouvelle-Orléans.

mi-février-début mars : le **Chinese New Year** (nouvel an chinois). Parades et feux d'artifice spectaculaires organisés par la communauté asiatique de grandes villes comme San Francisco, Los Angeles et Seattle.

mi-mars : fête de la **St Patrick**, particulièrement suivie à New York, Chicago et San Francisco.

5 mai : le **Cinco de Mayo**, principale fête mexicaine, très suivie à Los Angeles et San Francisco.

fin août-début septembre : le **US Open Tennis Tournament**, l'un des tournois majeurs de tennis.

31 octobre : **Halloween**.

1e dimanche de novembre : le **New York City Marathon**, le marathon le plus populaire du monde.

ADRESSES ET NUMÉROS UTILES

En France :

Maison de la Grande-Bretagne
Office du tourisme de Grande-Bretagne
19 rue des Mathurins 75009 Paris
Téléphone : 01 44 51 56 20
Site Internet : http://grandebretagne.net

Abondante documentation disponible sur place du lundi au vendredi de 9h30 à 18h et le samedi de 10h à 17h.

Visit USA Committee/France
Office du tourisme des États-Unis à Paris
c/o AVA , 24 rue Pierre Sémard 75009 Paris

Informations et conseils disponibles sur place, du lundi au vendredi de 13h à 17h.
E-mail : infos@visitusafrance.com

En Belgique :

British Tourist Authority
Avenue Louise, 140, Bruxelles 1050
Téléphone : 02 646 35 10

Ouvert du lundi au vendredi de 9h à 17h30.

Visit USA Tourism Center
Office du tourisme pour les États-Unis
PO Box 1, Berchem 3 - B 2600 Berchem
Téléphone : 02 648 43 56
Site Internet (en anglais) : http://www.visitusa.org/

En Suisse :

Office du tourisme britannique
Limmatquai 78, CH-8001 Zurich
Téléphone : 01 261 42 77

Ouvert du lundi au vendredi de 8h30 à 16h30.

Ambassade des États-Unis
Jubiläumstrasse 95, 3005 Berne
Téléphone : (031) 357 73 44

En Grande-Bretagne:

Numéro de téléphone d'urgence : 999.
Renseignements : 192

Aux États-Unis:

Numéro de téléphone d'urgence : 911.

TABLES DE CONVERSION

Attention : dans les nombres, on utilise un point en anglais là où en français on utilise une virgule. Par exemple, 0,6 s'écrira 0.6 en anglais.

MESURES

Officiellement, la Grande-Bretagne a adopté notre système métrique mais le système impérial anglo-saxon est le seul en vigueur aux États-Unis et continue à être utilisé par de nombreux Britanniques.

Longueurs
1 inch (pouce) ≃ 2,5 cm
1 foot (pied) ≃ 30 cm

Distances
1 yard ≃ 90 cm
1 mile ≃ 1,6 km

Pour convertir des miles en kilomètres, divisez par 5 puis multipliez par 8.

miles	1	2	5	10	20	100
kilomètres	1,6	3,2	8	16	32	160

Pour convertir des kilomètres en miles, divisez par 8 puis multipliez par 5.

kilomètres	1	2	5	10	20	100
miles	0,6	1,25	3,1	6,25	12,50	62,5

Poids
1 oz (once) = 28,35 g
(Br) 1 stone ≃ 6 kg
1 lb (livre) ≃ 0,5 kg (454 g)

Abréviations : **oz** = ounce (once) et **lb** = pound (livre).

Pour convertir des kilos en livres, divisez par 5 puis multipliez par 11.
Pour convertir des livres en kilos, multipliez par 5 puis divisez par 11.

kilos	1	2	10	20	60	80
livres	2,2	4,4	22	44	132	176

Liquides

1 pint (pinte) ≃ 0,5 litre (*Br* 0,57 litre, *Am* 0,47 litre)
1 gallon = *(Br)* 4,54 litres, *(Am)* 3,78 litres

Températures

Pour convertir des degrés Fahrenheit en degrés Celsius, soustrayez 32, multipliez par 5 puis divisez par 9.
Pour convertir des degrés Celsius en degrés Fahrenheit, divisez par 5, multipliez par 9 puis ajoutez 32.

Fahrenheit (°F)	32	40	50	59	68	86	100
Celcius (°C)	0	4	10	15	20	30	38

Tailles de vêtements

Vous connaissez déjà sans doute les abréviations **XS** (Extra Small), **S** (Small), **M** (Medium), **L** (Large) et **XL** (Extra Large).

- Vêtements pour femmes

Br	8	10	12	14	16	etc
Europe continentale	36	38	40	42	44	
Am	6	8	10	12	14	

- Soutiens-gorge (tailles de bonnet identiques)

Br/Am	32	34	36	38	40
France	85	90	95	100	105
reste de l'Europe	70	75	80	85	90

- Chemises d'hommes (tour de cou)

Br/Am	14	15	16	17
Europe continentale	36	38	41	43

- Vêtements pour hommes (tailles que vous connaissez sur les jeans)

Br/Am	30	32	34	36	38	40	etc
Europe continentale	40	42	44	46	48	50	

Tailles de chaussures

- Chaussures pour femmes

Br	4	5	6	7	8
Europe continentale	37	38	39	40	42
Am	6	7	8	9	10

- Chaussures pour hommes

Br	7	8	9	10	11
Europe continentale	40	42	43	44	46
Am	8	9	10	11	12